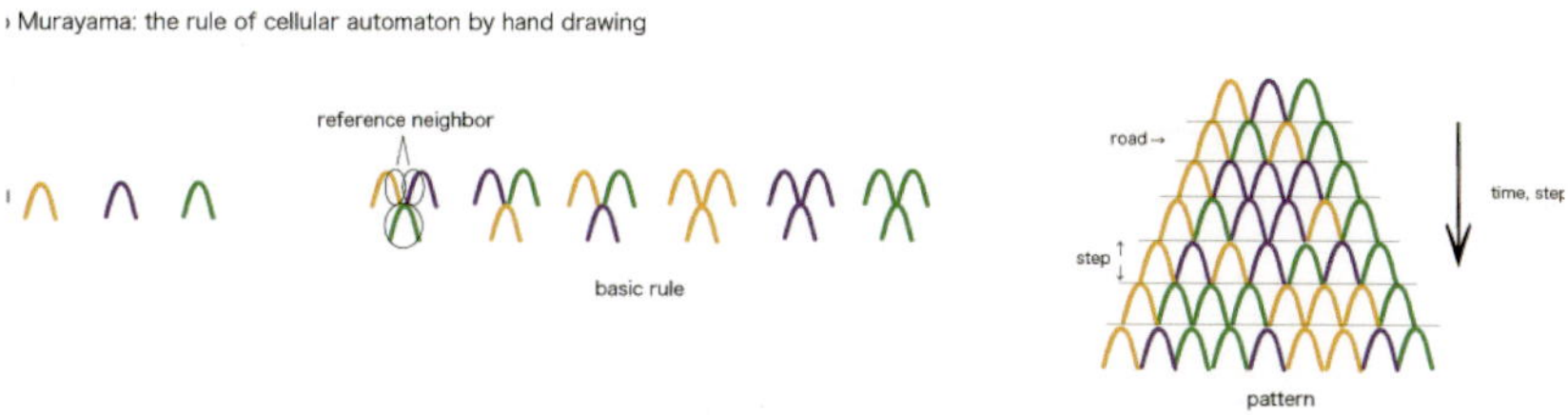

【図1】セルオートマトンルール1

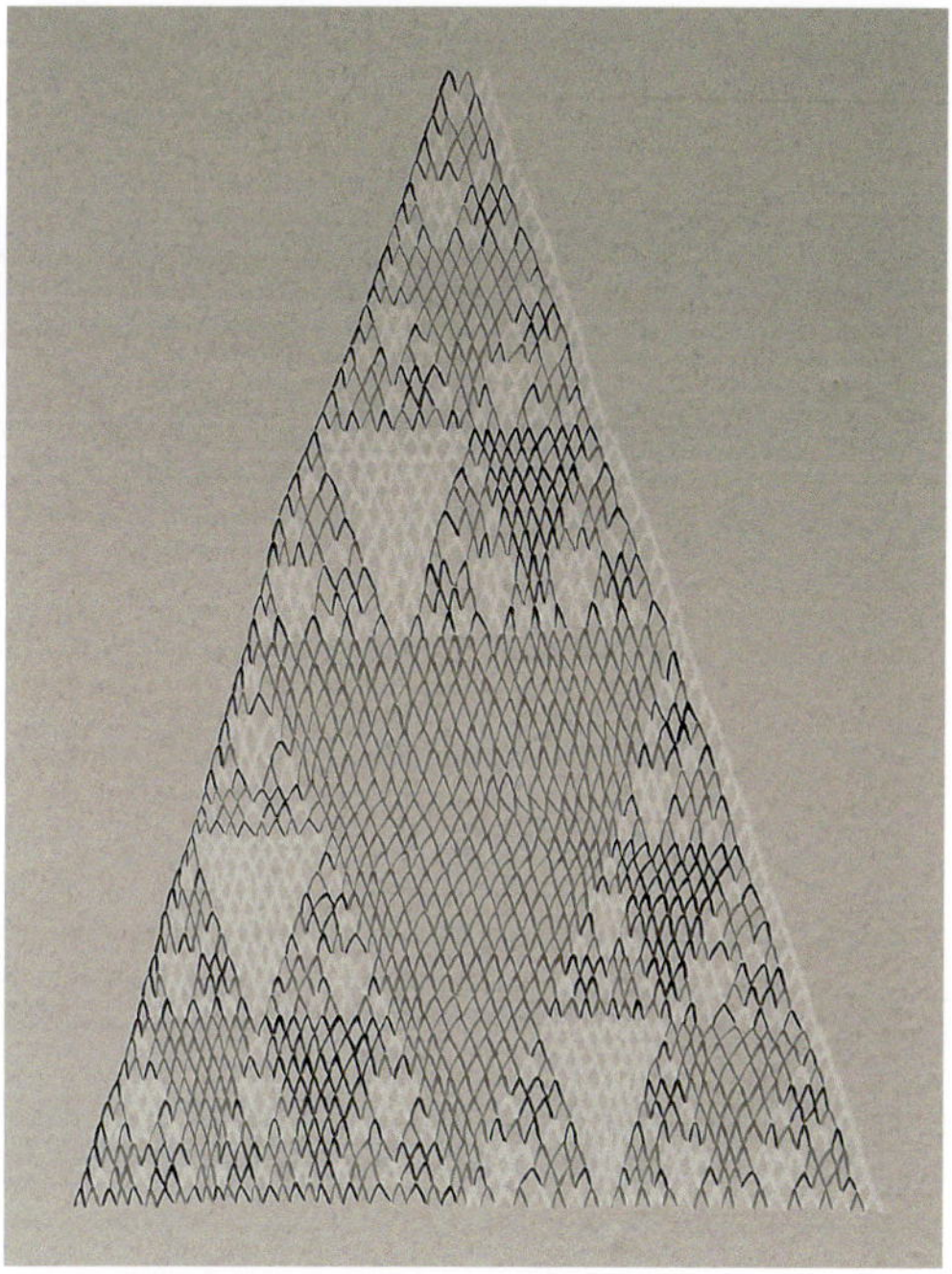

【図2】フラクタル描画図

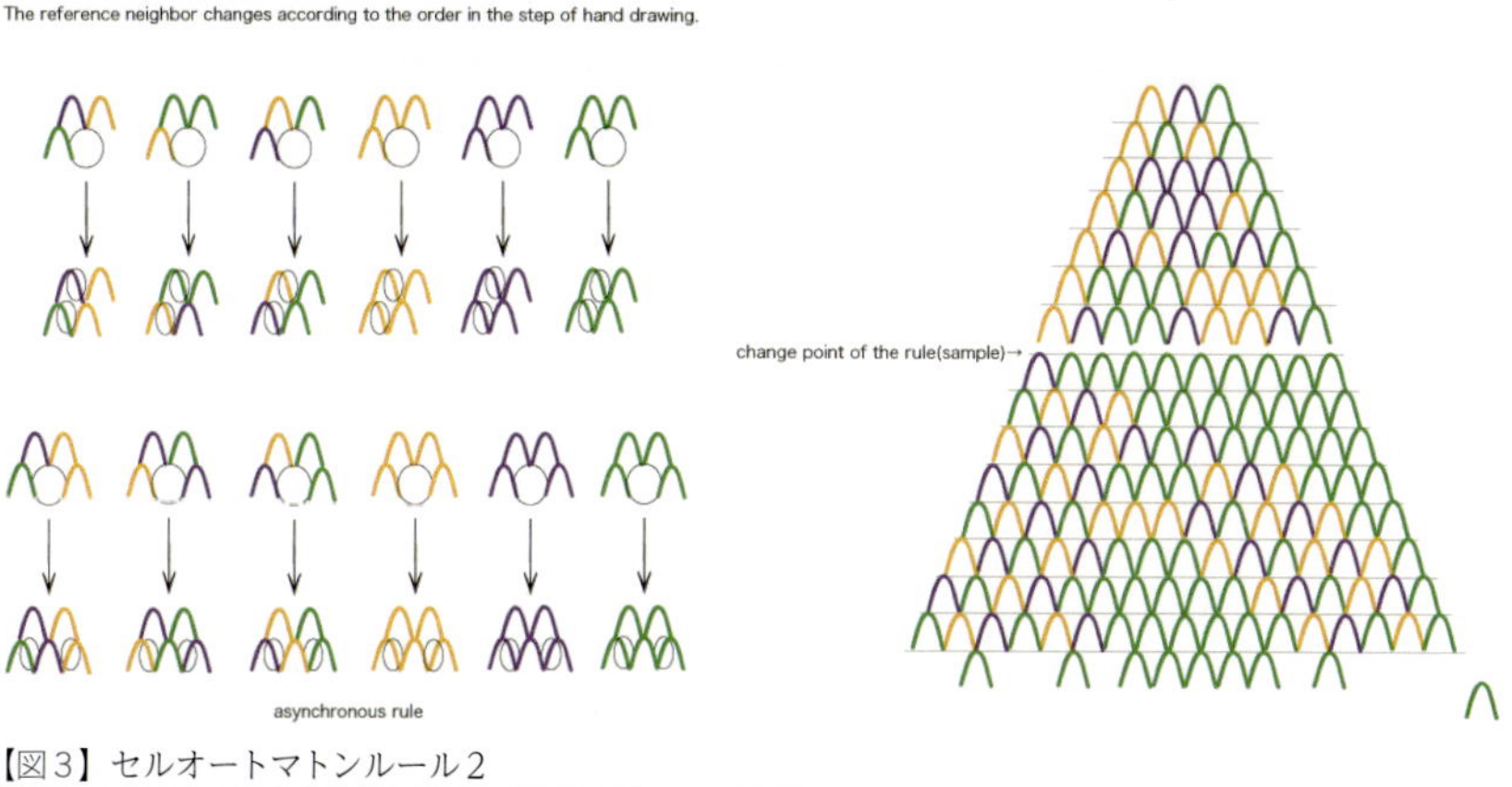

【図3】セルオートマトンルール2

【図 4】村山悟郎〈非同期時間のセルオートマトン［手描き］〉2017
紙に色鉛筆 76cm × 56cm
photo by エルサ・オカザキ

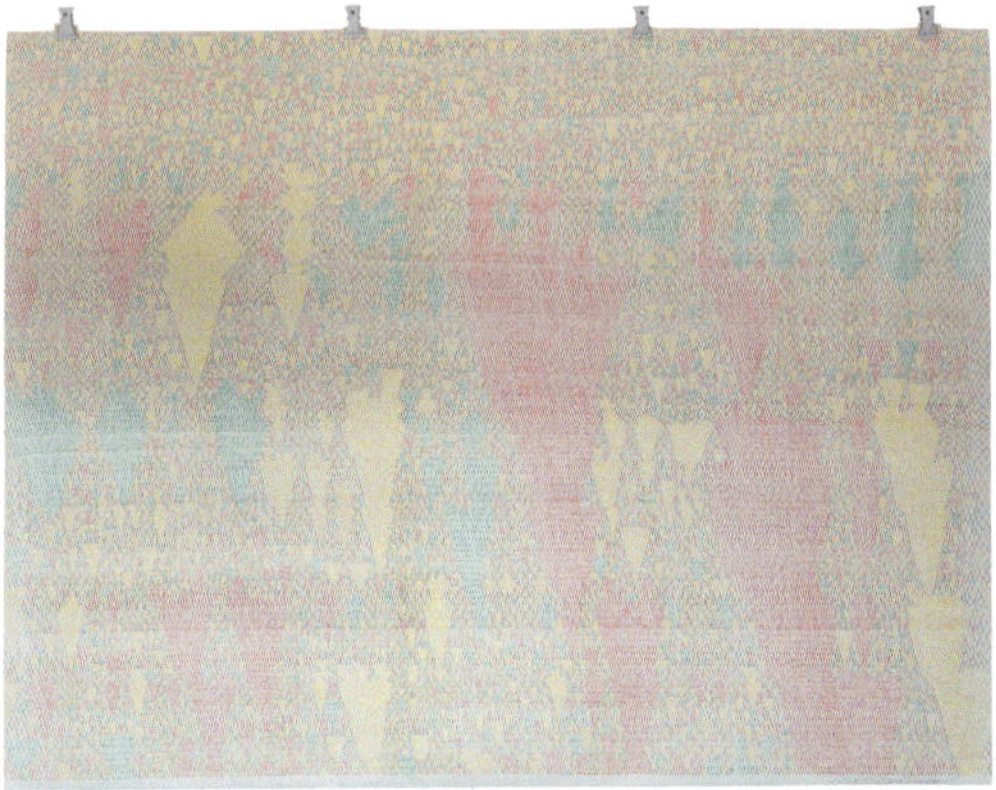

【図 5】村山悟郎〈同期／非同期時間のセルオートマトン［手描き］〉
2018 紙に色鉛筆 155cm × 116cm
photo by 川久保ジョイ

【図 7】村山悟郎〈システムあるいは思い出〉
2010 織った麻紐に油彩 140cm × 125cm　photo by 加藤健

【図 6】村山悟郎〈自己組織化する絵画［内臓］〉2017 織った麻紐にアクリリック 120cm × 160cm × 60cm
photo by エルサ・オカザキ

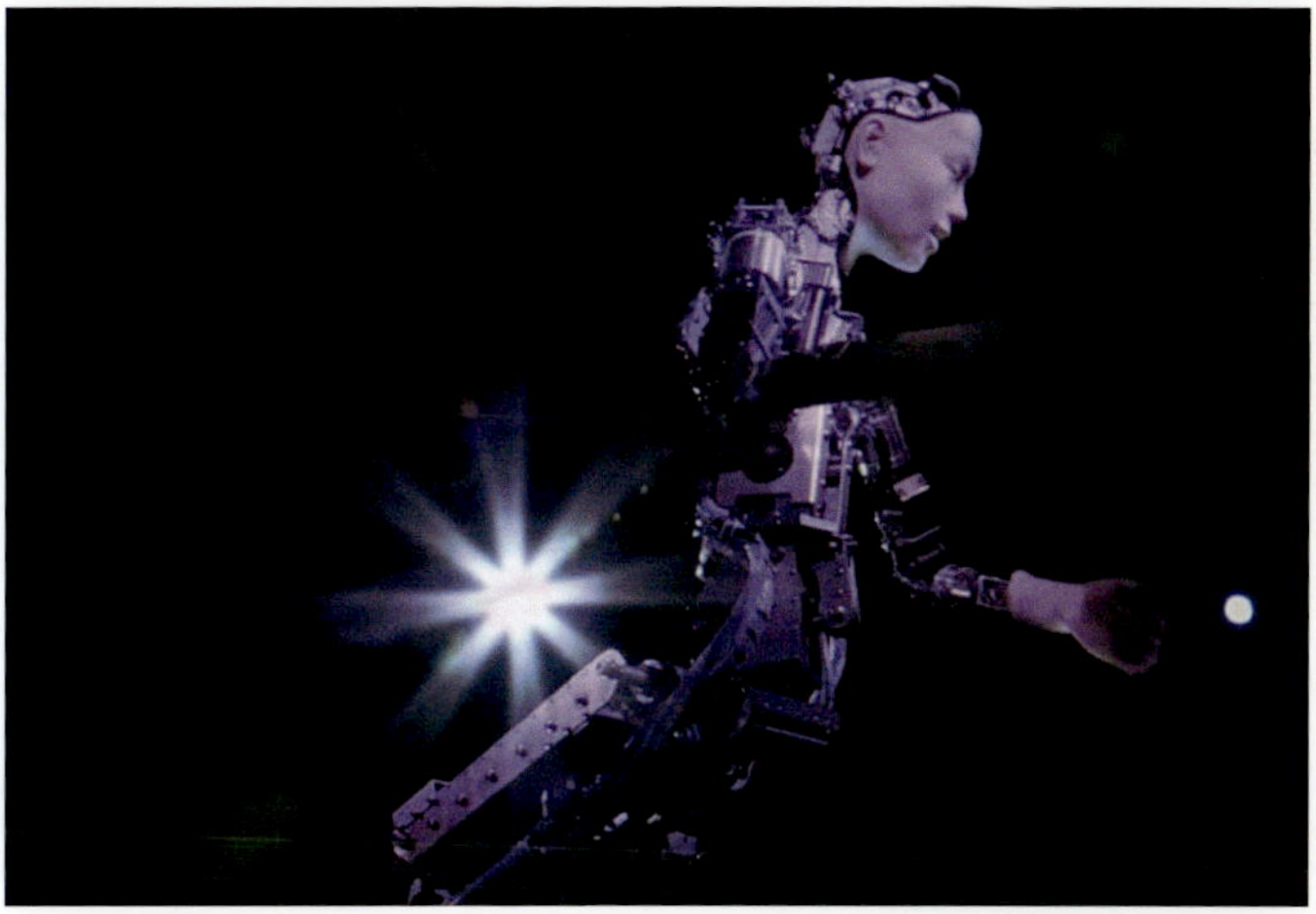

【図 8】 アンドロイド・オペラ『Scary Beauty』（作曲・プロデュース：渋谷慶一郎）。写真は、世界の人工生命研究者が集う「ALIFE 2018」（人工生命国際学会）でのもの。石黒浩（大阪大学大学院教授）が制作し、ALife（人工生命）研究者の池上高志（東京大学大学院教授）による AL の自律的運動プログラムを搭載したアンドロイド「オルタ 2（Alter2）」が人間のオーケストラを指揮し、それを伴奏に歌う。音楽全体のテンポ、強弱はオルタ 2 が自律的に決定する。Scary Beauty（スケアリー・ビューティ）とは「奇妙な、不気味な美しさ」。

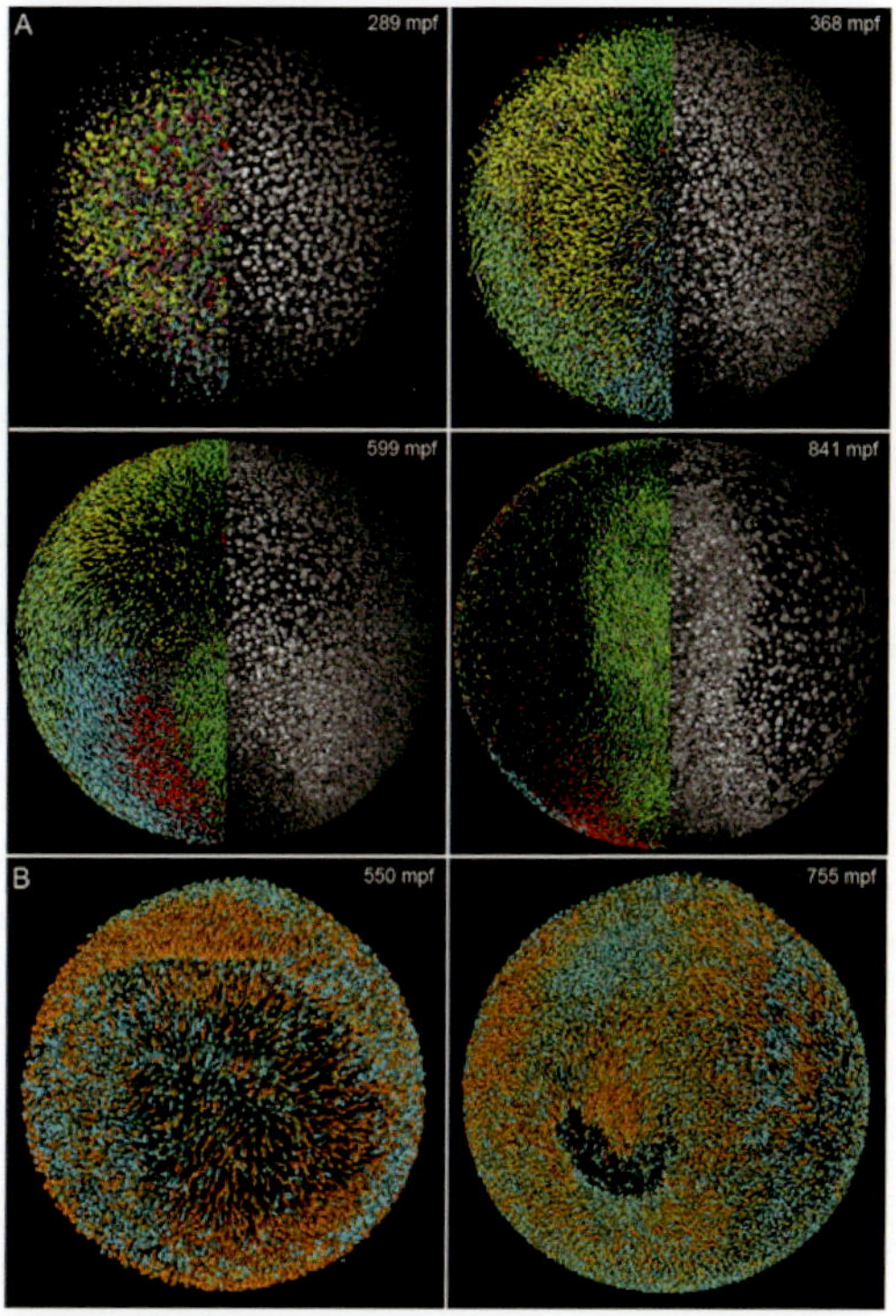

【図 9】 Keller et al., "Reconstruction of Zebrafish Early Embryonic Development by Scanned Light Sheet Microscopy", *Science* 322 (2008) 1065-1069.
ゼブラフィッシュの細胞の成長を、レーザーを使って撮影（ハイデルベルク：European Molecular Biology Laboratory）。緑色の細胞は上へ、青色の細胞は下へ移動して分化が始まり、それぞれの器官を作りだす。64 個から 7 回分裂し、2^{17} 個になるまでを映像化している。

Photo by Masataka Nakano, courtesy of Arakawa + Gins Tokyo Office
Reversible Destiny Lofts Mitaka – In Memory of Helen Keller, created in 2005 by Arakawa and Madeline Gins, © 2005 *Estate of Madeline Gins*.

【図 10】「三鷹天命反転住宅 - イン・メモリー・オブ・ヘレン・ケラー」、外観。同住宅は、2005 年、民間住宅街のなかに出現した。異様なたたずまいから住宅街のなかの「不連続点」のようになっている。視界全域に 6 色以上の色が配置してあれば、眼は疲れにくくなる。そのためのカラフルさである。脇の歩道を通りかかる幼児が、巨大なおもちゃに遭遇したかのように歓声をあげている。この歓声から住まうことを再度始めるための住居である（解説：河本英夫）。

【図 11】同、内観。床はうろこ状のでこぼこであり、少し傾斜がついているために、その上に立つ身体はつねに安定する軸を求めるように揺れを繰り返す。部屋の 1 つは球形になっており、そこに住まうものは、あらゆる身体の可能性に再チャレンジするように、動き出してしまう（解説：同）。

目次

終章

反実仮想：いのちを作る

装　幀：芦澤泰偉
帯装画：石井七歩

序章

美・善・真

その知性は美しいか

AIと人間の経験の拡張

河本英夫

第四次産業革命という「壮大な実験」

間違いなく何かが変わり続けている。産業の再編を巻き込んだこの変化の動向は、ときとして「第四次産業革命」とも呼ばれる(＊一)。実際これはＡＩが産業そのものを再編してしまう場面であり、現在も進行し続けており、どの程度の規模で進行するのか、現時点ではおそらく誰にもわからない。一切の部署の仕事の進行を、コンピュータが管理する。これまで部分的に生じてきたことの全面化が起き、中枢はコンピュータである。

だがここまでなら業務の効率化である。たとえばマンホールの蓋を製造する会社では、注文に応じてさまざまな型枠の蓋を作っている。かつては型枠を替えるたびに、生産ラインを一時的に停止させ、型枠を置き換えていた。ところが現状では、ラインを作動させたままコンピュータ操作で、型枠を変更することができる。またトマト栽培用のハウスの映像から、毎日出荷量と出荷区域を決めて生産を制御する。一口に業務の効率化といっても、ＡＩをつうじてオーダーが数段階上がってしまったというのが実情である。

医療現場では、ＣＴスキャンの莫大な画像をＡＩに読ませて、詳細な画像分析と比較分析を行うことができる。しかもオペレーションはきわめて短時間で行われる。ＡＩの感覚知覚による解像度は、人間の眼をはるかに超えている。人間の眼ではみえないものを、ＡＩ画像はくっきりと描いて見せてくれる。しかもＡＩは膨大な記憶を任意に活用できる。この記憶には際限がない。また情報処理の速度は、人間の能力をはるかに超え出ている。人間が10ヵ月ほどかけて比較対照して行う試料分析を、コンピュータはおそらく数時間以内で行ってしまう。そうなるとまったく

(＊一)　概括して、第一次産業革命は、「蒸気機関の出現」であり、動力に新たな仕組みが登場した。第二次産業革命は、産業のオートメーション化であり、フォード生産体制にみられる「分業」のサーキットの出現だろう。ここには半導体機器が何段階にも整えられていく局面が含まれている。第三次産業革命は、単純労働の機械化であり、コンビニのおにぎりを機械が代行するように、単純労働のロボット化である。この段階は労働の機械化であり、機械による代替である。人間によって入力が行われ、設計されたとおりに機械が動く局面である。

別様な分析能力のあるものがごく身近に存在することになる。しかもこの規模と速度感は、それに慣れるためにはしばらく時間が必要なほどである。

こうしたＡＩをめぐる大まかな見通しは、人間が作り出した情報装置によって、それと共存しながら、ホモ・サピエンスは、「進化」ともよべる新たな段階にまで到達する可能性がある、というものである。ＡＩを最大限に活用し、それとともに人間も次のステージへと進むというシナリオである。

そのとき要になるのは、意識そのものが別様の働きを獲得し、人間の道具制作と言語が生み出した知能形成の仕組みとは、まったく別様に進行する可能性が高い、とも考えられることである。生物学者のグレゴリー・ベイトソンは認知能力の神経系再編によって進化の道筋を構想し、アーティストの荒川修作は身体行為とともにある人間の行為能力の再編成によって、進化への道筋が付けられると考えていた。ところが現代の情報機器の展開によってまったく別様なことが起きる可能性があると考えてよい。かりにそうだとすれば、人間の生活や生産活動の利便化を超えて、人間の能力形成の仕組みに及ぶほどの「壮大な実験」が行われている可能性も出てくる。そしてそうだとすれば、これらはほとんど歓迎すべきことでもある。

だが残念ながら、おそらくこうした人間そのものの進化への見通しは、ほとんど到達されようがないように思われる。ＡＩの知能は、人間の知能とはコードがまるで異なる。それは利便性をもたらし、生活の技術を格段に向上させる。このとき生活も経験も便利になることは間違いないが、経験ははたして豊かになっているのだろうか。利便性に対して、「豊かさ」という課題を対置してみることが、ここでの問いである。

無際限なＡＩ、無底の身体、感情の出現

人間の知能をＡＩで代行させれば、なかば必然的にＡＩは人間の機能的能力を超えていく。それは生身の人間を作り上げている素材が、個々の機能性に対してベストでもなければ適合性が高いわけでもないことに関連している。自分の手を見ながら、その設計の美しさ、神業に近い見事さに、しばし陶酔することはできる。だが電車の吊革に捕まりながら本を読んできるとき、ページをめくるためにもう一本指があれば便利だと感じられることがある。身体の先端の構造が五肢になるのは、進化史上の偶然であって、設計の見事さによるものではない。

道具を作るたびに、人間は異なる素材を用いて自分の能力を超えた装置を人間の環境内に配置してきた。眼で見ることのできない小さなものや遠くのものを可視化し（顕微鏡と各種望遠鏡）、人間の足と担う能力を超えた移動体（乗用車やトラック）を発明してきた。そしてＡＩとは、人間の知能に対して、異なる素材をもちいて人間と類似した新たな知能機器を創り出していくことである。この知能の目覚ましさに対して、しばらくは人間にとって過度な戸惑いと、過度な期待は続いていくに違いない。というのも人間に固有だと思われていた「知能」そのものが、別様の素材と別様のコードで乗り換えられていくからである。

この知能は、際限のないオペレーションの速度と、膨大な記憶容量、感覚知覚の際限のない解像度の細かさに支えられているように見える。いずれも際限はないが、起きていることは、基本的には量的な拡大である。そしてそれは特定機能性への特化と機能そのものの限定であるように思われる。

たとえば人間の記憶は、選択的に捨てることを基本としている。しかも忘れることで、はじめて身に着く知能のモードはたくさんある。身体にかかわる知識は、忘れることによって内面化され、本人にとっては自明で透明な知能となる。そのため身体表現は、どのように台本を詳細に書き込もうと、そのつど一回限りのパフォーマンスとなる。忘れることの豊かさや積極性はしばしば見落とされがちだが、経験というみずからを作り上げていくプロセスにとっては要となる知的モードの一つである。記憶にかかわる機能は、登録と保持と呼び出しである。このコンピュータに見られる三機能のなかには、「選択的忘却」は含まれてはいない。だが経験が新たな場面に行きつくためには、「選択的忘却」は欠くことができないように思われる。

また身体の基本は、触覚性感覚から形成されている。身体は、メルロ＝ポンティの言うように「見るものであると同時に見られるもの」という両義性によって特徴づけられるのではない。むしろ身体は、触覚的にみずからを感じるものであり、それと同時におのずと動くものである。そして触覚は、運動にさいして、余分なものを感じ取ることはせず、そのつど感知すべき範囲を調整しながら作動している。実際、歩行にさいして、足の裏で詳細に床を感じ取るのであれば、まさにそのことによって歩行そのものが不可能となる。足の裏は、必要に応じて必要なデータを感知するだけであり、ここには積極的な「選択的無視」が働いている。余分なデータを積極的に無視するのである。

そして時として、身体は透明にもなれば、一点だと感じられることもある。夕暮れになって「身一点と感じられれば、それでよいのだ」という中原中也の一行は、「心と身体の関係は刻々と変化する」という現実性の極点を表したものである。身体に注意を向ければ、身体は尽きることのない「深さ」をもってしまう。身体こそ、意識にとっては「無底」なのである。

ＡＩを搭載したロボットは、基本的にモーターとセンサーで設計される。運動器官と感覚器官は、それぞれ強靭になり、精度を増していく。モーターとセンサーが一貫してうまく連動している間はよい。ところが感覚と運動は、それぞれ形成速度もキメの細かさも、独立に進むために、繰り返し両者の間のカップリングの度合いを形成し続けなければならない。ここに別様のさまざまな調整能力を備えた知能が、出現してくると予想される。そのひとつが「感情」である。感情は、身体運動にも知能にも解消することのできない固有の体験領域であり、感情の姿は言語表現の工夫をつうじて圧倒的に多様なモードとなる。それが一般に「情感」と呼ばれる。

だがＡＩは、二次的にこうした機能も獲得していくに違いない。ＡＩの情感のモードがどのようなものになるのかは不明だが、情感の異なるモードの形成を進めるＡＩは、人間にとっては新たな環境と選択肢をあたえてくれるにちがいない。「短歌」や「詩」を描くＡＩは、現時点ではまだ言葉の組み合わせだけで書いている。それでもかなり面白いものが書ける。人間が想定していなかった言葉の組み合わせを提示するのだから、それはそれで人間にとってはまたとない学習の機会を提供してくれる。だがそこに情感を感じ取っているのは、読み手としての人間だけである。

自然知能

さらに考えておきたいことがある。ＡＩは、人工知能と訳されるように、基本的には人間の知能や身体動作をコンピュータに実行させることで生まれ、自己学習であるディープ・ラーニングをつうじてコンピュータは独自の能力にまで進むことができる。だがこれはいずれも人間の知能のコードを変更した別ヴァージョンにとどまっている。

ところが自然界にはさまざまな知能がある。働きバチは、全員で働くことはほとんどない。働きバチは働かないのである。進化論的には、絶滅を防ぐための生存の知恵とでも呼ぶべき「知能」が備わっている。おそらく人間が行うように、働きバチが三組に分かれてローテーションで交代で働くというようなコードは用いていないはずである。こうした仕組みを解明し、アルゴリズム化して、人間とはタイプの異なる知能を自然界のなかに浮かび上がらせていく課題は、ほとんどがこれからのプログラムである。

人間から見て、「知能」に見えるものは、必ずしもそうなる必然性はないが、おのずとそうなっている場面が含まれている。事態に選択的な場面があり、力学的、エネルギー的にみて必然性がなく、そうならなくてもよいのにそうなっている事象が「知能」と感じられる場面である。知能を感知できる場面は、新たな経験に直面するさいの固有の「美しさ」を同時に備えている。そうだとすると知能を人間だけに限定する必要もない。

たとえば「シュタイナー木問題」というのがある。発電所があり、周辺に複数個（4か所以上）の配電場所（たとえば家や工場等）がある場合に、電柱を建て配線する。このとき送電線の総量を最短にするためには、どこに電柱を建てればよいか、というのが典型的な問題のかたちである。電柱の数は、任意に選ぶことができる。電柱の数が多くなれば、電柱間を結ぶために電線が必要となり、できるだけ電柱は少なくしたほうが良い。電柱を一本にすれば、逆に配線の総量は多くなると予想される。この問題を数学的に解くことは容易ではない。電柱の数が決まっていないような設定条件であるために、場合の数が多くなりすぎるのである。計算の仕方によっては爆発的に時間がかかる。この問題自体は、「最適化問題」の一つである。

ある実験が行われた。ガラス板にビーズを4個置き、そこに水を張り、界面活性剤を垂らして、水を徐々に乾かしていく。水が乾いていくにしたがって、ガラス板の上に界面活性剤の模様ができる。自然に形成されるこの模様が、シュタイナー木問題の解の一つにとてもよく似ている。おのずとエネルギー最小化の図柄が出来上がるのだから、こうした図柄が生じることも、むしろ当然とも思える。この図柄をアルゴリズム化すれば、人間とは異なる知能の論理化になる（＊2）。

ＡＩは、基本的に人間の知能をコンピュータに移し込むことで成立している。それに対して自然界にある知能を論理化し、記号化できれば、人間の周辺には、いまだ人間が知らず、人間が活用していない多くの知能の可能性を浮かび上がらせることができる。環境内には、こうした知能が夥しく存在している。こうした知能は、人工知能（ＡＩ）に対して、「自然知能」とも呼ばれている。

見かけ上、自然知能は人工知能に対置された、目新しい課題設定のようにもみえる。ところが実際には長い伝統がある。たとえば「本草学」は、植物や鉱物のなかから効果のあるエッセンスを取り出す作業でもある。植物の部位を切り取り、岩石のなかから特定の要素のみを抽出していくのだから、自然知能を引き出す作業をやっていることになる。環境内にこうした各種自然知能を顕在化させ、配置することができれば、おそらく環境そのもののなかでの経験の仕方は変わり、学習の仕方も、形成される知能も変わっていくに違いない。そのときそうした環境は、一種の「人工的里山」の姿をとる。

知能の形成にとって、人間から見れば実に多くの選択肢に開かれ、それに応じて人間は多くの

（＊2）
『人工知能』Vol.33, No.5 (2018, 9) で「自然知能」の特集が編まれている。

可能性を手にしていることになる。こうした可能性に触れるためにいくつかの条件があるが、その一つの目安になるのは、自分自身の経験の感度を高めてくれるかどうか、あるいは経験の弾力を増大させているかどうかである。

「真・善・美」から「美・善・真」へ

哲学には伝統的に、真、善、美という大枠での三領域がある。アリストテレスが設定し、カントが継承して、カントの主要著作である三つの『批判』に受け継がれている。それぞれ人間は、「何を知りうるか」「何を行いうるか」「何を希望しうるか」という問いに対応した議論である。

ＡＩの特性は、精確さであり、しかも倦むことなく反復され持続される精確さである。知の形態としては、徹頭徹尾「真」にかかわる知性である。かりにこれが揺らぐようなことがあれば、ＡＩ自動運転は危険きわまりなく、金融機関の財務計算はほとんど信用の置けないものになる。ＡＩは、どこまでも融通が利かないほど「真」にかかわらねばならない。

だが知能の形成から見たとき、豊かな知性の形成のためには、真善美の順を逆にして、美善真という順を辿ることになる。これはすでにカント以降のドイツ観念論が実行してきたことでもある。いずれＡＩも二次的に美や善についての「知識」を修得していくにちがいない。そのためにも現在の人間の経験の可能性を拡張しておくことが必要となる。

本書は、そうした課題をみずからに課して編まれている。

◆**河本英夫**（かわもと・ひでお）

１９５３年、鳥取県生まれ。東京大学教養学部卒業。同大学大学院理学系研究科博士課程満期退学（科学史・科学基礎論）。現在、東洋大学文学部哲学科教授。博士（学術）。専門は哲学・システム論・科学論。次世代型システム論「オートポイエーシス」を展開し、現象学、精神病理学、リハビリテーション、アートなど多彩な現場とコラボレーションを行う。

著書に『オートポイエーシス——第三世代システム』『経験をリセットする——理論哲学から行為哲学へ』（共に青土社）、『システム現象学』『損傷したシステムはいかに創発・再生するか——オートポイエーシスの第五領域』（共に新曜社）、『〈わたし〉の哲学——オートポイエーシス入門』（角川選書）、『哲学の練習問題』（講談社学術文庫）など多数。編著に『哲学のメタモルフォーゼ』『現象学のパースペクティヴ』（共に晃洋書房）などが、また訳書に荒川修作＋マドリン・ギンズ『建築する身体——人間を超えていくために』『死ぬのは法律違反です——死に抗する建築　21世紀への源流』（共に春秋社）、アーサー・C・ダント『物語としての歴史——歴史の分析哲学』（国文社）などがある。

第1章

非人間

シンギュラリティ? 〈人間の終焉〉からの問い

宇野邦一

本章の論点

現代フランス思想を精力的に発信し続けた宇野邦一は、再度テクストの読みをリセットしながら、ここでは「人間の終焉」というテーマの輪郭を浮かび上がらせている。フーコーは『言葉と物』で19世紀初めから形成されてきた「現代の知の枠組み」がひとたび転換すれば、この枠組みの拠点の一つであった「人間」は跡形もなく消えていくと述べていた。この人間の終焉は、長い時間をかけ、一つの歴史過程として、現在も進行し続けている。

情報化によって一挙に転換点が来るというよりも、人間の終焉は歴史的プロセスなのである。そこにはメディアや情報ネットワークの拡大とともに進行する現実性の変化があり、哲学も思想も、みずからの課題をリセットしながら進まなければならなくなっている。知の進行は、ＡＩや情報ネットワークのような多くの知的力関係の再編を否応なくもたらしている。

私たちとは誰か

本論では、「私たちとは誰か」というふうに問いをたててみることにします。当然ながら「私たち」とは空間的に、そして時間的に規定され限定された存在です。そして今日はとりわけ、この時代によって規定された存在としての「私たち」について考えてみます。

編者の河本英夫さんから、ミシェル・フーコー『言葉と物』[1]のなかの、「人間の終わり」「人間の消滅」について書いた名高い一節に照らすならば、その後、「人間」はどうなったのか、という主旨の問いをいただきました。それが一つのきっかけになります。

また河本さんは、「シンギュラリティ」について語ったレイ・カーツワイル『シンギュラリティは近い』[2]のことも話題にされました。現代のコンピュータ技術では、メモリーのサイズが毎年約2倍に増えている。5年たてば2の5乗で32倍になる。そうすると、コンピュータ1台のサイズに5年後には32個分が入る。10年たてば約1000倍になってさらに飛躍的な変化が起きる。2030年代から2040年代には、人間の脳、一人ひとりの個人の思考と記憶処理能力が、そっくりダウンロードされるほどの容量が実現されるだろうという。私たちはどんな変化もリニアーな変化にそって想定してしまうが、技術の進歩は冪乗《べきじょう》に進んでいくもので、そういう曲線上に出現するシンギュラリティは、予想もつかないような成果をもたらす。カーツワイルのような人物は、それを予想して見せるわけです。そのとき、どういう世界がやってくるんだろうということが書いてあります。

このような新しい技術の登場とともにある未来の予測、未来像を提出する本は次々と出続けて

[1]
ミシェル・フーコー『言葉と物——人文科学の考古学』渡辺一民・佐々木明訳、新潮社、1974年〔原著：*Les mots et les choses*, Gallimard, 1966〕

[2]
レイ・カーツワイル『シンギュラリティは近い——人類が生命を超越するとき』NHK出版、2016年

いますが、もちろんそのような試みは今始まったわけではありません。思い出すのは1960年代のマーシャル・マクルーハンのブームです。[3] 当時、松江で高専の学生だった僕は、ちょっと文学青年でしたが、むしろ戦前の本ばかり読んでいました。マクルーハンは、当時すごくうわさになりましたが、小林秀雄や宮沢賢治なんかを一生懸命読んでいる青年には、そんないかがわしいもの絶対信じるかという思いで、もちろん読んでいませんでした。

しかし、後にドゥルーズやフーコーを読むようになってから、僕はマクルーハンをわりとまじめに読むことになりました。ドゥルーズ＋ガタリは『アンチ・オイディプス』[4] の中で、マクルーハンをまったく肯定的に引用しています。マクルーハンのビジョンはテレビの時代のものです。テレビが出現し、メディアというものの性質が根底から変化すると考えた。彼の面白いところは、メディアとは何かということを、人類の始まりから考えなおし、そもそも人間はずっとメディアとともにあった、というふうに発想したことです。テレビの前にも映画、電信、電話、写真のようなメディアが次々に世界を変えてきた。特にテレビというメディアによって人間が大きく変質してしまうというビジョンが60年代に、もうはっきりありました。みんながテレビにくぎ付けになり、頭の中がテレビになってしまうという脅威も与える。当然それに対する抵抗や批判もまきおこりました。

マクルーハンは、心配することはないと言います。人間はずっとメディアとともに生きてきた。みんなの着ている服だってメディアじゃないか。衣服は身体のいわば延長上、皮膚の延長上にあるメディアである。道路によってある場所からある場所へ移動できるということは、道路もメディアである。そんなふうにメディアの歴史を一つ一つたどってみせるわけです。そして、人間はずっ

[3]
マーシャル・マクルーハン『人間拡張の原理――メディアの理解』後藤和彦・高儀進訳、竹内書店、1967年
同『メディア論――人間の拡張の諸相』栗原裕・河本仲聖訳、みすず書房、1987年

[4]
ジル・ドゥルーズ＋フェリックス・ガタリ『アンチ・オイディプス――資本主義と分裂症』宇野邦一訳、河出文庫、2006年

とメディアとともに生きてきたのだから、テレビが現れた今日も、同じようにテレビと仲よく生きていけばいい、そうでないと「バナナの皮に滑って」転んでしまうよ、と言う。テレビを有効に役立てるかわりに、テレビに滑って転んでしまう。彼はユーモアのある文体でそういうふうに書いた人で、なかなかヴィヴィッドな思考をした人でもありました。

いつのまにか人間はテレビにすっかり親和してしまったわけですが、やっぱりあのマクルーハンだって想定しなかったような技術と世界が、今は出現しているわけです。マクルーハンは、活字というメディア（「グーテンベルクの銀河」と彼はそれを呼びました）は、デカルト的な明晰な思考を世界に流通させるのに大いなる役割を果たしたが、テレビは、いまやむしろ触覚的なイメージの思考を切り開いていくなどと主張して（初期のテレビのあのざらざらした画質を私たちは覚えています）、いわば新しい人間像を思い描いたわけです。

フーコーのあの「人間の終焉」という言葉と、カーツワイルの言う「シンギュラリティ」は、それぞれまったく異なる文脈で発想されたものです。僕自身は、コンピュータ技術の目覚ましい進化について、何か提案するような知恵はまったくないのですが、この時代に生きている「われわれ」にとって、この時代とは一体どういう時代なのか、あるいはわれわれが生きているこの世界はどういう世界なのかを、科学技術の専門家ではない素人の立場から考えていくことは、たぶん必要なのではないか、少なくとも僕自身は必要を覚えています。

フーコーはカントの『啓蒙とは何か』を引き合いに出しながら、カントは「われわれとは誰か」という、非常に新しい哲学的問いを提起していたのだと言っています。[5] 啓蒙の時代を生きるわれわれは何なのか、と。この時代にわれわれは、自己とどのような関係をもつのか。「私」は、も

［5］
『ミシェル・フーコー思考集成〈10〉倫理・道徳・啓蒙』小林康夫・松浦寿輝・石田英敬編集、蓮實重彦・渡辺守章監修、筑摩書房、2002年

ちろんこの時代やこの世界と大いに関係があるけれども、必ずしもそれと関係がないかのように生きているものでもある。しかし本当にそういうことが言えるかどうか確かではない。この時代とは何か、この世界とは何かと問うならば、やはり私たちとは誰か、あるいは私とは誰か、どんな人間かと問うことになる。おびただしい技術の進展のなかで、技術の状況について知ることも重要だけれど、そのなかで右往左往している私たち自身について考えるという課題が確かにあるはずです。

メイヤスーの相関主義批判

「21世紀の新しい哲学」というものがあるでしょうか。いつの間にか21世紀に入り、例えばよく聞かれるのですが、フランスの哲学ではフーコーもドゥルーズもデリダも亡くなり、もう他に大物はいないのですか、と。その後に大物と言われている人の名前はいろいろあります。僕もある程度は読んでいますけれど、それが新しい哲学に見えたことは、ほとんどありません。新しいかどうか、そのことが問題だとも思えません。

そして、日本の新世代の書く哲学書で目立っているものは、まだドゥルーズを読んで、ドゥルーズについて、あるいはその影響下で新しい本を書く試みです。しかし、ものすごく斬新な解釈をしている本は特にない。ドゥルーズを上手に読みこなしている本が何冊も出てきましたし、それ自体は目覚ましいことだとは思っています。しかし、21世紀の「新しい哲学」というようなものではない。そういうものが必要かもわかりません。それでもカントのように（そしてフーコーのように)、この世界に生きるわれわれとは誰か、と問い続けることは必要にちがいありません。

若いときインパクトを受けた思想にいつまでも固着していると、だんだん保守的になってくるので、時々それはよくないと思って、例えば、カンタン・メイヤスーという人の『有限性の後で』[6]なんかを読んでみるのです。この本はフランスよりもアメリカで話題になり、いつしか「思弁的唯物論」(matérialisme spéculatif)という言葉が言われるようになりました。日本でも千葉雅也さんが紹介しはじめたせいもあって、わりと読まれているようです。

メイヤスーの批判は、カント哲学のいわゆるコペルニクス的転回を標的にするわけです。物自体を知ることはできないとカントは言う。認識は、あくまで主観に即して相関的(corrélationnel)である。カントにしたがうならば、われわれは物自体を知ることはできず、われわれの主観の前に現れたものしか知ることができない。ただし、その認識には、あるア・プリオリな時間と空間の形式という条件が備わっている。

メイヤスーは、この相関主義(corrélationisme)が現代の思想を大きく規定していて、ニーチェもドゥルーズもみんなその弟子なんだと言う。ちょっと荒っぽいのですが、カント以降の思想は相関主義に凝り固まっている、物自体の認識はあり得ないという地平の中に、われわれはいわば閉じ込められているという言い方をメイヤスーはします。

彼の主張は、もうそろそろ相関主義を終わりにして、外部に出なくてはいけない、物自体を認識しなければいけないということです。自然科学を見よ。自然科学は人間の外の世界を認識する。宇宙を認識し、人類の存在以前、以降を問題にする。もちろん、実験や観測に基づいて、そして数理的な思考の積み重ねによって、そうするわけです。

[6] カンタン・メイヤスー『有限性の後で——偶然性の必然性についての試論』千葉雅也・大橋完太郎・星野太訳、人文書院、２０１６年［原著：*Après la finitude*, seuil, 2005］

ところが相関主義は、人間のいない世界の認識、人間以前の、あるいは人間以降の世界の認識を排除している。そろそろ人間のいない世界自体を認識する可能性をちゃんと考えなければいけないとメイヤスーは言う。人間は人間を超えた世界を認識できないと言ってしまうと、いわゆる宗教的な世界観に基づいてこの相関性を一気に超越しようとする、超越しなければいけないという原理主義者が出てくる、これが現代の兆候なんだとまで言っています。

僕はこれには大いに疑問があります。相関主義のせいで、その反動として宗教的な原理主義が出現する、という因果関係の説明には社会的あるいは歴史的な考察が必要で、簡単にジャンプすることはできないと思います。しかしとにかく、そういう思いが彼の相関主義批判の背後にははっきりあるようです。

このような文脈で、メイヤスーはデカルトに戻ろうと言う。デカルトは自然科学者でもあり数学者でもあり、その認識の基礎として「私は考える、ゆえに私はあり」という第一原理を考えた。その延長上で、演繹的に世界を厳密に理性的に判明に知ることができると言う。カントは、デカルトの作り上げた、そういう地平をひっくり返したとも言えます。大きく言えば、知的近代というものの線的展開に、一つの裂け目を作った。カントはデカルトの認識をもっと正確につきつめ、『純粋理性批判』では科学的な認識をまさに批判的に考察しようとしたとも言えますが、近代というものに、そういうある種の裂け目、折り目があるという問題が確かにある。デカルトのもたらした近代と、カントのもたらした近代とはかなり違う性格をもっています。

メイヤスーの、人間以降の、人間と相関的でない世界を考察しようとする発想は、ある意味でSF的な発想と言えないこともない。相関主義は間違いだ、デカルトがもたらした近代的な認識を相関主義が極端に狭めてしまったという批判。それと同時にでしょうか、こういう思考とリンクするかのようにして、例えば、人類の絶滅という問題、あるいは太陽があと50億年経って燃え尽きてしまい、そのとき仮にまだ人類がいるとすると……そういう発想が哲学者の話題に上るようになってきました。

最近の絶滅に関する議論の前に、ドゥルーズの同僚だった哲学者ジャン＝フランソワ・リオタールの『非人間的なもの』[7]も、太陽が絶滅したときに人類が他の星に大移動するというような可能性を、哲学的な問題として考察しています。

しかし「太陽の死は精神の死です」と彼は言うのです。哲学の使命は、やはり人間の精神に関することである。その人間は身体をもち、死すべきものであり、苦しむ存在である。科学技術は「人間の死後にも存続する、身体なき思考を可能にすること」を追求し続けるかもしれない。しかし、どんな哲学も倫理学でもあるとしたら、人間のいない世界の倫理はあり得ないし、その世界には哲学もありえない。

現象学者でもあったリオタールは、科学技術の仮想する事態を思考実験として迎えながらも、やはり、人間の世界の外について、あるいは身体をもたない人間について哲学することは意味がないと主張しているようです。例えばフーコーにしても、「人間」が消滅した後には何がくるかということも示唆しているように見えますが、生物としての人類の絶滅については考えていないのです。「人間」の出現も終焉も、あくまで彼が考えた「言葉と物」の関係の歴史の中で浮かび上がってきたことにすぎなかったのです。

しかし、そういうSF的次元を真面目に考えてみようという面も、メイヤスーの思索には含ま

[7]
ジャン＝フランソワ・リオタール『非人間的なもの――時間についての講話』篠原資明・上村博・平芳幸治訳、法政大学出版局、2010年

れているようです。「相関主義」から脱出し、物自体の認識、絶対的な認識というものをわれわれは目指すべきだとも言っています。といっても、だからそのことをどう認識するかはこの本にはほとんど書かれていない。哲学が科学者のまねをして、数学や物理学、化学や生物学を勉強して物自体の認識を目指すというのでは、哲学の場所はどこにあるのかということになります。

表象の時代

フーコーの主張をちょっと復習してみることにします。フーコーにとっては西洋の17～18世紀が一貫したテーマでした。『言葉と物』では、古典主義時代の17世紀とそれ以降、特に18世紀後半から、学問的認識にどういう変化が起きたかを、精密に、そして大胆に考察しています。

フーコーは、「人間」というもの、認識対象は18世紀以前には実在しなかったと言うのです。そして「人間」はいつまでも続くわけではない。最後の頁にはこう書くのです。「賭けてもいい、人間は波打ちぎわの砂の表情のように消滅するであろう」。これだけ読むと、まるで人間が絶滅することを予言しているような言葉に聞こえますが、そうではありません。むしろ、「人間」をめぐる認識、フーコーの用語によれば人間を認識対象とする「エピステーメー」の終わりを指摘している。西洋の知の歴史の枠組みの中に、人間という問題が浮上したのは、古典主義時代のあとのことであり、次にはそれに終止符を打つ段階がやってきているかもしれない。デカルトが切り開いた近代に、ある意味でカントは裂け目、あるいは折り目を入れる、新たな襞を刻み付けるということをした。フーコーはデカルトの17世紀、そして18世紀までは、表象（representation）

が席巻した時代であると言う。そして「表象」をめぐる認識は、「人間」をめぐる認識ではないと言うのです。

例えば、ルネサンス時代の人文主義的な思想によって人間が神の世界から離脱していったという説明が通念としてあります。しかしフーコーにとって、ルネサンスはまだ「人間」を認識するような時代ではない。彼にとって人間の認識は、あくまで18世紀、フランス革命前後の時期に始まるものです。しかし革命がそれをもたらしたわけではない。

フーコーの言う、表象をめぐる認識とは何か。彼が「表象の時代」と呼ぶ17～18世紀には例えば生物学もまだなくて、自然誌（histoire naturelle）つまり博物学しかなかった。ここでは動物よりも植物が大きなテーマだった。植物を目で見て、花、葉の形を調べる。雄しべ、雌しべの数を数える。あくまで視覚によって分類するというやり方です。視覚による観察の成果に基づいて、分類し配列して生物の表をつくりあげる。こうして植物や動物に関して、ある全体的な認識を作り上げる。自然誌とはそういう傾向の知であるとフーコーは言っています。

生物学が成立するには、このような表象をめぐる認識から離れて、生殖や生物の機能がどういうものか、動物を解剖し、表層――表層は表象でもある――ではなく深層の生命の営みそのものを探っていかなくてはいけない。植物に関しても、目に見える雌しべや雄しべの形ではなく、胚の仕組みを分析して初めて生物学たり得る。つまり生命の活動そのものに認識の焦点が定まっていく。これこそ根本的な転換だとフーコーは言います。

経済に関する認識と、言語に関する認識に関してもほぼ相似的な変化がおきた。経済においては、労働こそが経済的価値を決定しているものだという認識が出てきた。古典主義時代の言語については、フーコーは『ポール・ロワイヤル文法』を取り上げています。そこでは、基本的には名詞が大きな意味をもち、名詞が世界を表象するという機能のほうに焦点が合っている。しかし比較言語学を通じて新しく生まれた言語の認識では、むしろ言語における屈折に注目する。例えば動詞の活用です。名詞の表象的機能ではなく、むしろ屈折の方式における差異こそが言語の本体なんだというわけです。やがて言語学ではソシュールが出てきて、「犬と猫は何を表象するか」ではなく、「犬」と「猫」という語のあいだの音声上の差異こそが言語学の問題だと明瞭な定義を与える。今では当然のことのようにも聞こえますが、これも、ある種の認識上の大革命にかかわることでした。

表象の言語にとっては、言語自体は全く透明であり、その透明な言語が世界を鏡のように映しだすということになります。それ以前には、例えば、日本で「言霊」という言葉があるように、言葉そのものに魂があり、言葉そのものも一つの厚みをもつ存在であると考えられていた。言葉が意味するものと言葉自体とはどこか相似している。われわれが使っている漢字、表意文字では、木という記号は実際、木に似ています。言語自体が意味されるものに似ている、世界は相似に満ちている。ルネサンスの認識とはそういうものだったとフーコーは言います（もちろん西洋外のアニミズム的思考とルネサンスの認識は区別しなければなりませんが）。

17～18世紀にはそういう傾向を抜け出し、ヨーロッパの知性は表象作用と、全く透明な記号というものを出現させた。この古典主義時代には、それ以前の時代に比べて、人間の認識はずっと厳密に体系化された世界に入っていったと言えるのでしょう。フーコーは、近代は合理主義だとか民主主義だとかという歴史の常套句を一貫して避けています。近代（厳密には「近世」と言うべきでしょうか）とは、まず表象を厳密に操作する言語が登場した世界だと言うのです。しかしその表象がやがて壊れていく。表象の背後に認識が及び、生命、労働、言語が認識されるようになり、このとき初めて生命、労働、言語の結び目として人間の存在が浮上する。つまり、言語を操作する人間、生命を生きる人間、労働を巡って生産、蓄積、消費を行ない、せめぎ合う人間。こんなふうに人間というものが初めて認識の俎上に上ったとフーコーは言うのです。

表象から人間へ

『言葉と物』の第一部は、表象によって規定される時代を説明しています。

しかし「表象する」人間は、決して自分自身を認識しようとはしなかったかのようです。第二部では、まず「表象の限界」をフーコーは論じています。今度はまさに「人間」が認識対象となる新しい世界がやってくる。この変化は、18世紀末、19世紀初頭に設定されています。ここにもう一つの襞、折り目が現れる。『言葉と物』は１９６６年刊で今から約50年前の本ですが、その後のフーコーはことあるごとに言っていました。われわれはまだ長い近代を生きている。人間が消滅しつつある時代をずっと生きているというわけです。そして、まさに人間を認識しようとする「人文科学」というものが登場します。心理学や社会学はそれ以前には存在せず、それらの領域はむしろ哲学の領域として考えられていたと言えるかもしれない。フーコーはいずれにせよ、表象の時代が終わって、人間の時代がやってきたと言う。表象と人間、という二つの折り目が、近代を規定しているというわけです。

フーコーは、『言葉と物』の最後のほうに「人間とその分身」(l'homme et ses doubles)という章を設けています。この章のタイトルはアントナン・アルトーの「演劇とその分身」(Le théâtre et son double)からきているにちがいない。表象の後に出現した人間が、今度は消滅しつつある。人間が認識された後に、人間とその分身とは何でしょうか。フーコーはここでニーチェの「超人」ももちだしています。フーコーはニーチェをよく読んでいた人ですが、ドゥルーズほどには表には出さない。「人間」の後にやってくるものを、むしろ人間の分身あるいは他者と呼び、たくさん例を挙げている。その重要な例の一つは「無意識」なのです。

「人間とその分身」のあとに、「人文諸科学」という最終章があります。人間が認識対象になったところで、それにつれて人文諸科学が現れたわけですが、人文諸科学というものは実に曖昧である。いわば、生物学、経済学、言語学から派生して表れた認識である。しかし表象からもう決別したはずの時代に、まだ人間について表象を作り上げている、表象の向こう側にいけないでいる、そういう認識が人文諸科学であるとフーコーは言います。人間の分身とは、人間の他者であると言いかけたところで、人間とその様々な分身が登場してきた世界で、人文諸科学はまだ表象の上に眠り込んでいる、と言う。「人間学的眠り」というふうに、かなり辛辣な批判を込めて彼は書いています。

そして、フーコーは暗示するにとどめていますが、彼の「外の思考」という有名なエッセーに見えるように、このくだりには、モーリス・ブランショへの反響があります。ハイデッガーの影響を受けたブランショです。フーコーはハイデッガーも随分よく読んでいたようですが、ブランショに対する親近感は非常に強く、ブランショが言った非人称的なもの、中性、死といった問題を考えながら、「人間以降」の認識を考えていたと思います。「表象から人間へ」、そして「人間」からその様々な分身、他者、あるいは「非人間」へとフーコーの思考は焦点を移していくのです。こんなふうに表象の外へ、人間の外へと、私たちは脱落し脱出してきた。次にはどこへ行くのか。フーコーが問題にしたのは、あくまで言葉と物のあいだの関係としての認識態度のことにほかならないのですが、それにしても私たちとは誰かを考える上でも、貴重な示唆を含んでいます。

近代に折り目を入れる

これに関して、ジョナサン・クレーリーというアメリカの学者の『観察者の系譜』[8]という本に書いてあったことを思い出しました。『言葉と物』よりだいぶ後に書かれたものですが、西洋近代は決して一枚岩ではない、少なくともそのなかにはある大きな断絶があると考えたほうがいいという問題に照らすと、クレーリーのこの本も、やっぱり近代に一つの折り目を見るという見方を提出しているのです。

クレーリーは、美術における遠近法を問題にする。そして、遠近法と切り離せない、カメラ・オブスクラを取り上げる。カメラの原型になった、暗箱に針で小さな穴を開けておくとその中に外の景色がきれいに映るという装置です。ヨーロッパではわりと早くからそれを使いながら画家たちが絵を描いていたと言われます。近代の最初の認識を「遠近法」に重ねて考えると、観察者とは、暗箱によって外界から明確に隔離された空間で、世界を静かに視覚的に観察する者である

[8] ジョナサン・クレーリー『観察者の系譜——視覚空間の変容とモダニティ』遠藤知巳訳、十月社、1997年→以文社、2005年

と言える。この状態では、主体と客体が完全に分離されています。そして、そのことによって明晰な世界の表象を得る、という認識態度が確立された。まさにデカルトの認識もそういうものでもあったかもしれない。暗箱のなかに閉じこもった人間とは、安部公房の『箱男』[9]という小説も思い出させてくれますが、『箱男』は、むしろ現代日本人の一つの自画像のようなものでした。

ところが、クレーリーはその「暗箱」の世界に断絶がおきると述べる。例えば、19世紀初めに生まれたグスタフ・フェヒナーという学者を取り上げています。心理学を物理学的に考察する、心理現象を数量的に考えるということを大真面目にやった人で、太陽を一生懸命睨みつけて目を悪くしたり、相当、変わった人物だったようです。フェヒナーが言うには、人間は赤色を目で見るけれども、後ろから木づちで頭を殴られても赤色を見る。つまり、色というものは目が見ているものではなく、実は身体が生産しているもの、生理的に作り出しているものだと言い出すわけです。人間の知覚は、外界からやってくる情報に還元できるものではない。五感というよりもはるかに複雑な身体の作用によって、身体の内部で知覚を作り出しているのだというわけです。

もう一つの例として、ゲーテの色彩論が挙げられています。それはニュートンへの批判でもありましたが、単にある波長の光が目に入ってくるので視覚にとってそれが色彩となるわけではない。もっと多層的な感覚の束の中で、人間の身体を通じて色彩は生み出されるという主張です。知覚の対象は一見単純なようでも、あくまでも知覚は身体の不透明な厚みを通じて獲得されるという。端的に言えば、表象の認識に身体の厚みを介入させたということです。ここに「観察者の系譜」にとって全く新しい段階が訪れたというわけです。ここにも近代というものに一つの折り目が発見されていて、少なくとも近代は二重になっている。

[9] 安部公房『箱男』新潮文庫、2005年

人間の認識以降

しかしここにとどまるのではなく、やはり「人間の認識」以降の問題を考えなくてはならない。「私たちは誰か」という問題に戻ると、われわれは表象による認識以降、人間の認識以降の地平、あるいは人間の「身体」を発見した認識以降の地平にいるけれども、ではわれわれに表象的なものは無いかというと、そんなことはない。人間の発見した生命、労働、言語という枠組みからもすっかり自由なわけでもない。

現代も進行中で、終わっていない「人間の終焉」という第三段階については、フーコー自身もそれほど多くを語ってはいません。それを示唆するものとして彼は「無意識」にも触れていた。人間の新しい段階、人間の分身としての欲望的人間。少なくとも、われわれは誰かを考えるために参照すべき一つの図式です。ドゥルーズはフーコー論の中でまさにこのことを問題にしていますが、彼も非常にさらっとしか書いていない。最後の「付記――人間の死と超人」の数頁です。[10]「人間」は、いろいろな力の組み合わせから登場する。この社会のあり方、人間の認識、エピステーメー、知や技術の生産もそうにちがいない。その結果として新しい段階というものが訪れる。この章で、「人間」の次に登場するのは何かとはドゥルーズははっきり言いませんが、ケイ素、シリコン、当然、コンピューターの技術のことを考え、そして脳に触れています。シナプスの間隙の認識が、新しい人間のイメージを生み出す。そして言語というものの新たなステータス。ケイ素、無機的なもので満ちた人間。あるいは言語の存在で満ちた人間。この言語には例えば情報も含まれるでしょう。ドゥルーズは一方で、情報、いわゆるコミュニケーションを嫌悪し、敵対

[10] ジル・ドゥルーズ『フーコー』宇野邦一訳、河出文庫、2007年

視しました。それでも新しい技術とともにある言語の新しい情況には、肯定的に対応しようとしている。そして脳の認識は、心理学や精神分析が与えてくれない思考のイメージをもたらしている。ドゥルーズは映画論の最後でも脳の問題に言及しています。[11] 脳という思考機械の精密な認識と、あるいは非文法的な、言語の制約をはるかに超えた言語、あるいは認識というものを想定しています。

諸力の新しい組み合わせとして、新しい人間が出現するということ。ドゥルーズにとっては、ベルクソン主義との関連でも、人間の潜在性が新しいものを生み出すという発想は根本的です。「器官なき身体」という奇妙な概念も、そういう発想のなかで生まれたものです。そこには有機的／無機的という区別を超える身体という意味もあります。身体そのものがたえず新しい組み合わせの中に入っていき、大きく変質を遂げるということ。身体の個々の形態は、見たところそんなにラジカルに変わらないけれども、それでも人間の身体そのものは新しい力との組み合わせに入っていき、たえず「器官なき身体」を形成していく。あるいは思考と脳との関係も、新しい力と合体して別のものになっていく。このような可能性に関して彼はまったく肯定的です。

ですから、あえてSF的なビジョンの中に入っていき、人間がどういう力の組み合わせの中に入っていくかということを、思考の俎上に上らせることも必要かもしれない。ＳＦというジャンル自体が、ある意味ではそういう試みの一つとも言えます。

リオタールは「非人間的なもの」を問題にし、カーツワイルは「シンギュラリティ」という言葉を使いますが、ほとんど定義不可能な変化を遂げ、そこに登場する人間の状態を構想するという可能性は、ドゥルーズの問題でもありえたと思います。

[11]
ジル・ドゥルーズ『シネマ１＊運動イメージ』財津理・齋藤範訳、法政大学出版局、２００８年
同『シネマ２＊時間イメージ』宇野邦一・江澤健一郎・岡村民夫・石原陽一郎・大原理志訳、法政大学出版局、２００６年

技術と人間

カーツワイルの本を読んでいると、技術がどこまでも進むということを、彼が全く信じ込んでいることに驚きます。ある種テクノナルシズムと言いたくなるような傾向も見えてくるわけです。科学技術のすさまじい進歩は指数関数で考えなくてはいけないのだという。例えば、ナノボットと言われるようなナノ・スケールのロボットを作り出して、それを飲むとか、体内に投入するとかします。人間の記憶は進化に従ってだんだん容量を増やしてきたが、ナノボットによってそれをさらに飛躍的に増大してやるという。記憶の限界などないと言わんばかりの可能性を、彼は真面目に唱えているわけです。そしてある局面では、技術の状況はそういうものになりつつある。ナノボットを大量に脳の中に送り込んで、思考の活動を精密にスキャンするという。すでに今は外部から脳をスキャニングできて脳科学は長足の進歩をとげているけれど、まだ分からないことが多過ぎる。それをもっと至近距離から厳密にスキャンすれば、思考や記憶のほとんどの機能を人工的に作り出し、再現できるようになる。ついには、個々の人間の存在そのもの全部がダウンロードされ、保存され、移送されるという、まさにSF的なビジョンです。

技術の進化は、そういう到達不可能に見える、とんでもない仮説をまず立てておいて、そこに1でも2でも近づけるための試行錯誤を繰り返すことでしょう。そういう極端な立場があること自体は否定できません。身体についても、カーツワイルの発想には、細胞がますます精密に修復できるようになり、究極的には死がなくなるということまで入っているようです。脳に関しても、細胞の細かいところまでメカニズムが分かってくるにつれて、その作用を人工的に再現するという可能性も、いろんな形で考えられていくことでしょう。しかし完璧に機械化されて、データの蓄積と処理しかしない身体とは、もはや身体ではないでしょう。

こういう認識の姿勢には、思考とは何かということに対する、致命的な誤解がある可能性もあります。人間の思考はもっと複雑で特殊な進化の果てにあるものではないか。生命に関しても、脳に関しても、どんなに解明が進んでも、それをそっくり再現できると思うことは、まったく勘違いではないのか。そう問うこともできるわけです。

例えば、将棋やチェスのようなゲームでは人間はＡＩに負かされるようになってきた。でも、将棋で勝つことと、人間が思考すること自体の複雑さとは、まさに全く桁が違うというより、次元が違うのではないか。ＡＩが完璧に思考しうるという可能性に反対する人は、今でもむしろ多数でしょう。しかしこれも論証されたことではないわけです。人間の身体、そして脳とは何か、その複雑さが何を意味しているのか、脳とＡＩのあいだでは、思考の性質がまったく異なっているのか、それとも処理可能なデータの数量の差があるにすぎないのか。そのことも十分解明され定義されてはいないのです。

例えば人間はほとんどいつも、毎日ある種の気分の中で、気分が悪ければ良くしようと思い、あるいは何か欲望があればそれを実現しようと思い、気がかりがあれば解消しようとする。そういう波立ちとともにある気分とは、複雑な、まさにいろんな要素の力の組み合わせから出てくるものだと思います。その気分の波動の中で、常にいろんな複雑な曲線をたどりながら思考が出てくる。そして、やがて死に至る。病気や不慮の死に遭わなくても、細胞分裂の回数に限界があって、その回数を超すと終わりが来る。つまり人間は死を避けられない。毎日、睡眠をとるという不能率なこともしている。休む必要があり、つねに情動の波立ちがあり、その中に思考がある。リオタールは「人間が苦しむ」ということを思考のいわば、かけがえのない特徴として挙げています。しかし、それさえも、感情、情動さえも、デジタルな操作で全部再現してみせるという、そういう仮説も多分あるのでしょう。また細胞分裂の回数という限界を超える技術も考えられていくのでしょう。

それにしても、人間に、そして生命に固有の領域とは何か、いろいろに言われてきました。人間の活動は将棋をさすだけのことではない。将棋をさすことも、楽しいからこそやる。人間には情念があり、愛があり、欲望があり、苦しみがある。そして究極的な事実は人間が死ぬということです。死ぬということがなくなったら、人間が何であるかということが全く変質してしまいます。しかし、マクルーハンのように、メディア（機械）と人間が異種交配を生み出し、より創造的な生活を営めるという構想は今も続いているとはいえ、人間と機械が相互浸透する度合は圧倒的に深まり、異次元に入っているとも言える。人間の思考はじつに複雑ではあるけれど、単なる記憶装置の運用として定義することも、まったく不条理とは言えない。そういう情況が現れています。

変形装置としての人間

ＡＩは例えば犯罪の予測に、もう実際に使われているようです。アメリカの都市では、データの蓄積から何時にどこでどういう犯罪が起きる可能性があるかを予測して、パトロールに役立てている。もちろん完璧ではありえませんが予測や防止に役立つ。先日のテレビ番組では、そのような予測についてことあるごとにナレーターが、「ＡＩがなぜこういう判断を下したのか説明できない」と言う。例えば、アルツハイマーになるかもしれない脳の前駆症状をＡＩが画像解析して、人間よりもはるかに正確に、その人がアルツハイマーになる確率をはじき出す。しかしその根拠は説明ができないとナレーターが強調していました。

これにはある種の誇張があると思います。そういうふうにＡＩを神秘化し、ＡＩが自立して自動的に思考しているような表象をみんながもちはじめるということが問題ではないか。こういう点にも、これからＡＩに何ができるか、人間の思考は何かということに関する基本的な誤解が潜んでいると思います。哲学、人文科学は、それを修正していく必要があるのではないか。

人間には情念があると言っても、その情念が何かは脳科学にとってもかなり難しい問題であるらしい。脳のそれぞれの部位が何をしているかに関する認識はかなり進んでいるけれども、それぞれの部位のあいだに、おびただしい相互作用があって情動を作り上げている、それがなかなか読み取れないということのようです。ダマシオという脳科学者は、スピノザを参照しながらそういうことを考えています。[12]情動というものがベースにあり、その複雑な動きのなかから理性はかろうじて出現するという、とてもスピノザ的な、反デカルト的ビジョンです。

人文科学、哲学の認識は、このような未来に対して、単に人間中心主義を保守するのではないとすれば、どのような見方を提出できるでしょうか。全てのソフトウエアがハードウエアに解消されていく、あるいは究極的には精神的な過程が全て物質の作用に還元されていくという技術万能の思考は果てしなく進むとして、それは人間にとっていったいどんな意味をもつのでしょうか。不死の人間、そして個性、情念、思考がすべて一つの巨大なメモリーに還元されるような事態を

[12] アントニオ・Ｒ・ダマシオ『感じる脳――情動と感情の脳科学 よみがえるスピノザ』田中三彦訳、ダイヤモンド社、２００５年

仮想することは、哲学にとって何か意味のあることなのでしょうか。

最近の一つの興味深い話題として、カトリーヌ・マラブーという、僕と同世代のフランスの女性哲学者が、母親の認知症の体験から出発して、脳の器質的な病や損傷について考えています。[13]アルツハイマー症も含めて、器質的な病によって、ほとんど人格が変わっていくようなこともある。こういう事態について精神分析は何か有効なことが言えるのか。現代の脳科学の立場から見れば、精神分析はまったく無効に見える。それでも脳の物質的過程に対応して、精神の領域にはリビドー、性欲、抑圧と言われるような現象があると考えて、こちらのほうから症状を考察する可能性は、その意味はまだあるのか。精神分析に関しては、ドゥルーズ＋ガタリの『アンチ・オイディプス』のラジカルな批判もありましたが、今、精神分析も、あるいは心理学さえも、まさに脳科学の認識のほうからはどう評価しうるのか。哲学は、そこで少しでも言うべきことがあるのか。マラブーはとりわけ「脳の可塑性」ということを提案しています。脳の可塑性というのは恐るべきもので、脳の損傷によってすっかり人格が変わることがあるし、いろんな奇妙な現象が起こる。

オリヴァー・サックスという脳科学者・医者が、『妻を帽子とまちがえた男』[14]という本を書いています。妻を帽子と間違える、要するに、人間と物が識別できなくなるという。フランスの演出家ピーター・ブルックが、もう20年ぐらい前、この本の症例をそのまま舞台化したことがあります。現代演劇で精神分析に影響を受けて演劇を作る人は結構いましたが、僕は当時これを観て、なんでこんなことを演劇にするんだろう、脳の病状を演劇にし、見せ物にして面白がっているのではないかと不審に思ったけれども、今思えば、脳の可塑性はまさに劇的で、実は「人間とは何

[13]
カトリーヌ・マラブー『新たなる傷つきし者――フロイトから神経学へ　現代の心的外傷を考える』平野徹訳、河出書房新社、2016年

[14]
オリヴァー・サックス『妻を帽子とまちがえた男』高見幸郎・金沢泰子訳、ハヤカワ・ノンフィクション文庫、2009年

か」に関わる問題なんです。つまり脳の可塑性ゆえにいろんな症状も起きうるし、その症状には、ある種、防御のメカニズムとして肯定的な可塑性が含まれていて、その可塑性のメカニズムが人間の生きる力や創造力でもあるということです。それを演劇にするということは、実に先見の明のあることだったかもしれません。

ドゥルーズ、リオタール、マラブーたちの立てた問題を反芻しながら、こういう未来学的な「シンギュラリティ」を通過する人間のイメージをわれわれは、どこまで、どういうふうに迎えようとするのか。そもそもそんなことに意味があるのか。しかし、とにかく人間はたえず新しい力の組み合わせの中に入っていく。そして、マクルーハンが言うように、実は人類はずっとそのように生きてきた。けれども、人間の思考、情念、そして死すべき生命という限界に、そして無限の可塑性という条件にも、根本的変化がないとすれば、あくまでそれを前提に考えるしかない。それにしても技術の最先端で思考する脳たちは、不死の人間まで構想しているわけです。

リオタールは、「変形装置（transformateur）」という言葉を使います。人間は、自然に与えられた与件をそのまま生きるわけではなく、善かれ悪しかれ絶えず変形し変化していく。その変形作用の結果、地球の気候に破局的な変化をもたらすし、ちょっとした変化でそれが改良されるかもしれない。人間が試行錯誤を続け、破滅をうながし、破滅にあらがうこと、脳の驚くべき可塑性、それらもみんな宇宙のエントロピーとネゲントロピーの作用のなかにある変形の効果である。一人ひとりが、ささやかな変形装置であるわれわれは、さらにどういう変形を実現するのか。

マクルーハンにとっての大転換は、まだ視覚、知覚、情報、記号をめぐるものだったのに比べれば、現在の技術は、脳に、細胞や遺伝子に、記憶にじかにかかわるものになった。また生命と思考の営みを再現する機械を構想するようになった。単に生と死に外部から作用するばかりではなく、生と死のプロセスそのものを代替するような可能性が浮かび上がっている。もちろん、そういう進化もただ「人間」の外部で起きていることにすぎないかもしれない。いずれにしても、「人間」の定義を変えないまでも、改めてそれを考え直す必要があるかもしれないのです。「人間のいない世界」の哲学よりも、このことが気にかかっています。

◆**宇野邦一**（うの・くにいち）

1948年、松江市生まれ。パリ第8大学でアルトーに関する博士論文によって学位を得た。フランス文学者・批評家・立教大学名誉教授。身体論、身体哲学を焦点としながら領域を限定しない思索・批評を続ける。

著書に『アルトー　思考と身体』（白水社）、『映像身体論』、『吉本隆明　煉獄の作法』、『土方巽　衰弱体の思想』（以上、みすず書房）、『ドゥルーズ　群れと結晶』（河出書房新社）など。訳書にジル・ドゥルーズ『フーコー』、『襞』、『フランシス・ベーコン　感覚の論理学』、ジル・ドゥルーズ＋フェリックス・ガタリ『アンチ・オイディプス』（以上、河出書房新社）、ジル・ドゥルーズ＋フェリックス・ガタリ『カフカ』（法政大学出版局）、サミュエル・ベケット『伴侶』、『見ちがい言いちがい』（以上、書肆山田）、ジャン・ジュネ『薔薇の奇跡』（光文社古典新訳文庫）などがある。2019年に『政治的省察』（仮題）、およびサミュエル・ベケットの『モロイ』、『マローン死す』、『名づけられないもの』の新訳を刊行の予定。

第2章

出来事〈態《てい》〉の演劇

物語は情報ではない

松田正隆

本章の論点

松田正隆は「マレビトの会」という演劇集団の代表である。この劇団の演劇は、思い出すだけで胸騒ぎのする体験であり、その全貌が何なのかはいまだによく分からない。俳優はデフォルメされた動作以外は行わず、感情表出もない。筋の通った台本はあっても俳優が相互に会話しているとも思えない。平田オリザが提唱した現代口語演劇の作法は完全に無視である。

松田は本論文で、「生む」「産み出す」「起こる」という経験が、言葉で語れるほど簡単でも単純でもないことを示そうとしている。意味や情報に回収できない「出来事」の在り処を指し示そうと、何度も語り直しながらその周囲を迂回する。それはマレビトの会の作品の言語化という無謀な試みですらある。母を嫁がせたいという願望もそうだ。意味で押さえるのではなく、言葉の背後でザワつき、色めく経験を感じるようにして本論は読み進めてほしい。

母という経験

私には、母を花嫁にして何かへと嫁がせるという、人には言えない願望のようなものがあって、こうして書けば、人に言えない願望でもなんでもなくなる気がするけれど、正直なところの、自分自身の何かをつくるときの発想の原点というか、底のほうにあるような欲望のところからこの論考を書き始めるのがいいのではないかと思い、こんな個人的なことから始めることにした。人が読めば特に興味を覚えないことだろうと思い、こんなふうに断りを入れるようにまわりくどく書いているけれど、私にはなんだか笑えるような願望である。

最近、宇多田ヒカルの新しいアルバムを何度も聴いていて、「夕凪」という曲のところになると、母が嫁いでゆくようなイメージになる。視覚的に何かが見えることはないが、言葉とは思えない声が連なるようなところでそんなイメージになる。母を嫁がせるからといって、母が花嫁衣装を着るようなこととは、それは随分かけ離れている。

その宇多田ヒカルの歌では、「ぜいあーぜいあーぜいあーぜいあー」と聞こえて来て、まぶしくなる。母はまだ死んではいないけれど、このまま行ってはいけないところに連れていかれるような心持ちになって、お母さんちょっと待って、と言いたくなるのである。すると母は凡庸な笑いとともに振り返る。このときの母の顔は本当にどこにでもあるような顔で、まさしく私の母のはずが、まったく私に関係のないようなしらじらとした振り返りようなのである。と、まるで、見えたかのように書いたが、そのありさまは見えてはいない。

昨年の初めに父が亡くなって母の痴呆症はますますひどくなったようで、8月の初盆の際に帰省したときも、誰の初盆のことなのかよくわかっていなかった。母が父の死を忘れるたびに、私は、お父さんはもう死んだよと教えることになるが、母はそれを聞いて、「え？　あら、そうね」と多少驚いた表情になって、しばらくするとまた忘れるのである。

父は母が介護施設のような場所に行くのを嫌がっていた。父がいなくなって、母はデイケアサービスに行けるようになった。最初は本人も嫌がっていたが、何度か通ううちに慣れたのか、そこで行われるレクリエーションも楽しむようになった。私が見学に行ったとき、たくさんの見知らぬ老人たちに混じって母は輪投げのようなゲームの最中で、以前、デイケアで何をするのと聞いたときには子供だましのようなもんと言っていたのに案外面白そうにしていた。このときも、母の意外な面を見た気分になって、私にもそれなりの嫁がせ感があった。

今思えば、一番それを感じたのは、母が祖母に抱かれている赤ん坊のころの写真を見たときだったような気がする。見てはいけないものを見た気分になって、それ以来もうあの写真を見ることはない。あどけない眼差しというよりも、何を見ているのかわからない生まれたての目がそこにはあったのだろう。その見開いた目は母のものであるからこそ、母の目ではないのだった。デイケアにいるときの母も、それが母であるからこそ母には思えなかった。

父の呪縛から解き放たれた母のことを述べたいのかというとそうでもない。私のなかにある母のイメージとは違う母を見たときに、その母のありさまに嫁がせ感が生まれて、喜びになるのかというとそうでもない。

それは、デイケアサービスにいる母や写真のなかの母のように個人的な経験を個人的に思い出すことからは、生まれないのかもしれない。ポピュラーミュージックの結晶のような宇多田ヒカルの声、それも意味の取れない「ぜいあーぜいあーぜいあーぜいあー」という声にはらまれていて、それは唐突に顔を出し、私に取り憑き、私の願望を刺激したのかもしれない。それは宇多田ヒカルの声で歌われた歌でなければならなかったのだと思う。

このようにして、私自身の思い出のサイクルから脱して、そこから離別しないと母を嫁がせるという欲望は経験できない。母を何かへと嫁がせるというのは、そういうことなのかもしれない。私自身の親しみの領域が解体されて、何かに向けて開かれ、そこに再度引きつけられ参入するときの感覚がそのような経験を生んでいる。

演劇も経験をつくることと関係があるに違いない。しかし、演劇は、それをつくりだす集団内部へと欲望を囲い込む傾向のある、閉じられた表現媒体ではないかと思われるのだ。つくり手の願望は俳優の身体やそれらから発せられる有機的な状態によって、ある意味、その集団特有の親密な時空間を創出するのである。そのとき欲望の経験は個人としてのフレームを保持したままで、分子的に分解されることなく、その演劇集団内部の価値観に規定され従属することになる。演劇の集団のほとんどはどこか家族的にならざるをえない。

私の母を嫁がせるという個人的で、家族的な願望は、ポピュラーミュージックの歌手の声（消費社会に流通する情報化された声）と結びつくことで、得体のしれない欲望として私に再度戻ってくるという経験をもたらした。このように、領域を脱することと再度領域化することのはざまで生まれるような経験を演劇はつくり出せるのだろうか。演劇は、個人の領域が有機的に拡張した（あるいは収縮した）時空間にしか生まれない、血と土地に紐づけられた表現なのではないだろうか。

母を嫁がせる、という願望を有機的に成就させるというよりも、非有機的なものへ変貌させ形式や領域の確定できない欲望とするにはどうすればいいのか。その欲望に出会うことこそが現実に遭遇することに思えるし、そこに関わる表現でないとアクチュアルな何かを表現することにならないのではなかろうか。

演劇は、面白い表現手段なのだけれど、誰か（あるいは、ある集団）の人間的な願望を有機的に成就させるために適しているにすぎないのではないか。そのことへの批判的抵抗のつもりで、私たち「マレビトの会」は、「出来事の演劇」というマニュフェストとともに演劇表現を模索する旅に出たと言える。それは、身体表現とその有機的な連関にある物質的な時空間の内部に非有機的で非物体的な出来事の経験をつくり上げることでもあった。

そのこととともに思考される三つの問題領域がある。一つは、演劇は物語を扱うメディアであるが、その物語内容とその表現方法に関するものである。その表現は、物語る場所とその様態と言い換えることもできるが、そこでは物語る経験が問題となることだろう。二つ目は、その経験と同時にそれを創作するための演劇的な行為である演技を問題としなければならないだろう。最後に、これらのことにより生じる経験と行為の主体とは何かを問うことである。

この演劇についての考察は、主に一つ目を問題としているが、その問題のみに関わるものとは限らない。

雨降りの態《てい》

ナイツの漫才が奇妙なのはどういうわけなのか。

たとえば、左側の男が近況を語り出し、その近況の内容は今話題になっている時事ネタで、それをあたかも自分自身の体験の態《てい》で語るわけであるが、それは、すぐにウソだとわかるようないいかげんな話で、車で当て逃げした後輩芸人のゴシップからメキシコとの国境に壁を作ろうとしている米国の大統領のことなどを立て続けに自分のことのように語るのだから、驚いてしまう。右側の相方が突っ込まずとも、それらは左側の彼とは違う人物のことを言っているのだと、こちらとしてはわかっていても、右側はその都度、それはお前じゃないだろと突っ込み、ご丁寧にもそれは誰それのことじゃないかと真っ当に説明してゆく。それが何度か繰り返され、さんざん他人の体験をあたかも自分のことのように語った挙句、「最近、よく顔が籠池さんに似ているって言われるんですけど」と左側の男が言うと、右側の男が、それだけお前のことじゃないかと言って、オチになる。

あたかも誰それのことのように自分を語ることができるというのは、その誰それのことが、私たち漫才を観ている観客と共有可能だということでもある。この左側の男が自分のことのように語っている話は、今話題の誰それさんの話だと認識できるということであり、マスメディアなどで話題になっていて、誰もが知っている人の話でなければ成り立たない。実際のその人のことがどうあろうと、情報としてその人のことが私たちの住む世間のなかで話題にのぼっていることが、この漫才の条件である。

それにしても彼はどうして、それはお前じゃないだろと言われるような出鱈目な自分を、執拗に何度も何度も語ろうとするのだろうか。真意は理解できないが、一種の特異なユーモアは感じることができる。つまり、ここで起こっていることは、情報としての自己紹介には失敗しても、その失敗の反復によって、この語り（二人の対話のやり取り）がその空間に「奇妙な様態の経験」を生み出していると言える。彼は情報としては誰にでもなれる、ということはそこで自己紹介された誰でもないということでもある。ナイツの左側の男は、森友問題で有名になった籠池さんに顔は似ているが、それ以上の情報としては誰でもないし、誰も突っ込まないなら、誰にでもなれるのだ。

私たちが誰かと出会い、その誰かのことを知るというとき、その人を情報として承知する場合もあるが、その人を経験として受け入れる場合もある。

一つ一つの誰それとしての態《てい》の表出。それを繰り返す男を、私たちは出鱈目で信用できない人物として認識するだろう。一つの個人の人格においてなら、ウソをつき続ける男としての印象が、私たちの世間一般の価値基準を通して、そういう判断をさせる。こいつの話はいいかげんだから、こいつは人間として信用できないと。しかし、この反復は違う位相の扉を開ける何かを生み出してもいる。このプロフィールの呈示に失敗し続けること、一種のリズムの生成によって感取されていることはいったい何か。ここでは、明らかに、表現内容の真偽を問うことよりも、その内容の表現の仕方のほうが問題になっている。そして、その内容によって示された情報は全く信用できなかったけれど、この漫才のやり方で受け取ったことは、なんだかよくわからないけれど面白かったという経験なのである。

他人の体験をあたかも自分のことのように語ること。それは、演劇で、最も頻繁におこなわれていることでもある。

他人になっているつもりで何かをする、というのは、私が他人の態《てい》で何かをするということである。この「態《てい》」、というのは、演劇のリハーサルの現場などでよく使う言葉で、「実際には雨は降っていませんが、雨の中にいる態でいてください」と私も俳優によく指示をしたりする。実際に雨降りなら、そんな「態」でなくてもいいのである。これは俳優のその状況への態度をあらわしている。彼ら・彼女らが、雨降りの態度を示さなければならないのは、雨降りという状況のほうからの要請でもある。ここで重要なのは、「雨降りの態」であるためには、実際には、雨が降っていないにもかかわらず、雨降りの状況に対応する態度が出現しているということである。態は「偽りの状況」との関連で初めて生まれてくる。実際の雨降りのなかで「雨降りの態」でいるのは難しい。つまり、態は現状にはない状況と関連している。ある状況の態でいるということは、現状とは違う状況を、現状の内につくり出すことでもある。つまり、態には領域があり、そのテリトリーは態によって生み出される。

先ほどのナイツの漫才の事例も、態ということで言えば、他人の態で話していたわけで、その語りの現場にはない「偽りの状況」が反復されていた。しかし、あまりにぬけぬけと自分ではない人物を羅列していくので、観ているこちらとしてはもはや真偽の判断はさておいて、ナイツの語る時事ネタの内容に、観ている私たち自身の時事の知見が合わさるときの気持ちの良さに関心は移っていく。だが、そこには、その関心だけでは説明のつかない、奇妙なユーモアもある。それを、先ほど私はリズムと述べたが、そのリズムは、ある他人の態から次の他人の態への移行の速度、そしてその他人の態の数の多さというところから生まれているのではないかと思われる。つまり、その他人の態は分子状であり、それらの細切れが集まりをつくってゆく過程で生じているのである。一人の偽りの人物になっている態の時間は短く、それはお前じゃないだろと突っ込まれ、「え、あれ、私じゃなかったですか」となった途端、次の人物の態がまた始まり、それが繰り返される。それは、ある一つの態でいることはその態からすぐに抜け出せるほどの軽さしかないということでもある。態は、現状にはない異質な状況を、現状の内につくるが、それはすぐに変容しうる脆弱な状況である。それゆえ、小さなブロックの時空間を現状につくり、そのブロックが次々に壊れては生じるという奇妙なリズムを生み出すことができる。

ナイツの漫才は、会話の面白さを見せるものや、あるコント風の設定をつくりそれを演じてみせるようなものとは違う。そこでは、態の効力が十分に発揮されているのではなかろうか。その態でそこにいる、というのは、その現状のままで、そこにその態が引き出す異質な状況を創出させるということである。その態のありようをちょっと変えるとたちまち態の引き出していたさっきまでの状況も変化する。

寸劇について

私たちが上演する演劇のことを寸劇のようだと指摘する人がいた。私たちは、マレビトの会という集団をつくり演劇活動をおこなっているが、その上演形態は、劇場の舞台をそのまま使用し、照明も一定の光量のまま変化することなく、音響も舞台美術も小道具もなく、普段着のままで俳優は舞台に登場し、その発話や演技も抑揚がなく平板で、活発な動きや説明的な感情表現は徹底して避けられている。このような形態の上演の印象から、寸劇と評されるのも当然のことだと思われる。

専門的な演劇というよりも、素人でも参加できるような学芸会でちょっとした寸劇をする、というような言い方で寸劇というのはとらえられるわけだが、私たちはその寸劇のなかにこそ演劇の本質を見ているのかもしれない。プロフェッショナルかアマチュアか、ということはさておき、「寸劇的」ということには、いま・ここの現状の現実からの演劇的な飛躍の契機がはらまれている。いま・ここで、何かのことを咄嗟に表現する（演じてみせる）ということ。正確な演技術、滑舌のいい読み聞かせは必要ない。むしろ邪魔でさえある。あるいは、ある美学的な様式をもとに発話や演技がなされたりするのはさらに耐えがたい。語りとともに動き出す、発話や行為には、何かを表現しようとする意図はない。ただ、語りの現場で、いま・ここの延長線上にありつつも、いま・そこへと隔たる出来事が起こっている。

私たちの日常においても、過去に起こったことを語るとき、語りの内容のなかにしかない出来事のことを、語っている人が、その出来事に即した身ぶりを聞いている人に思わずやって見せるということは頻繁になされている。この身ぶりや、それをおこなう主体の立ち位置が、寸劇の「ふるまい」であり、「場」なのではあるまいか。その語りの内容の渦中にあって視線が泳いで、ここにはいない誰か（語りの中にいる人物）に話しかけるという「ふるまい」をして見せること。これこそが演劇なのだと思う。

その「ふるまいのおこなわれる場」とその「ふるまい自体」のことを思考するのがこの演劇論の目的である。これは、別の言い方をすると「演劇の空間」と「演劇の様態」とも言える。あるいは、語りの場と語り口、つまり、内容よりも、それを語る場と、その語り方に焦点が当たるということかもしれない。どこで誰がどのようにして内容を語るのか（表現）は、その内容に影響はされても、それに従属することはないのだ。

昨日、彼は私を見て、やあ、久しぶりだねと挨拶したんだよ、という話をするとき、その話し手は、「やあ」の発話のときに手を思わず振り上げて、昨日の彼が自分を見たときの身ぶりをする。この身ぶりは、その語りの場に居合わせている聞き手に対してなされるということだけではなく、咄嗟に動いてしまう行為とも言える。その手を振り上げた身ぶりは、聞き手への語りの内容の伝達手段にとどまることはなく、話し手自身が、やあ、久しぶりだねと彼が発話している時間へと吸い込まれた感覚を生む。そのとき、話し手である私のいま・ここがあやふやになる。ここにはいない彼、ここにはない彼の身ぶりを私がいま・ここでおこなうということは、私の確固とした現前の領域を一瞬失い、私と彼の身ぶりの複合体の新たな領域をつくり出すということである。この複合体の領域において、つくり出された主体は集合的であり、この日常の社会を営む個人とは異なるものである。一個の人間としての社会的な何かに自己同一化(アイデンティファイ)されたプロフィールでは決して説明ができない。

そのようにして、私たちは、伝達される話の内容とともになされた「身ぶり」に感化されているのである。感化された途端、瞬時に、いま・ここでの私という個別の人格の立場を失い、「彼・私」の複合体は、時制と人称を曖昧にしてこの世界に出現して来ると言っていい。「身ぶり」はそのようにして、個体を複合体へと変容させる契機となる。

しかし、それはまだ意識的になされた身ぶり、演劇的な「ふるまい」ではない。演劇という表現形式においては「身ぶり」を「ふるまい」としてのカタチにしなければならないのだ。そうなってはじめて、「身ぶり」をともなう語りの表現から、「ふるまい」としての演劇の表現へと移行することになる。

その「ふるまい」はどのようにして起こるのか。おそらくは、物語る行為と関わりがあるだろう。語るべき何かのことを演じてみせるというとき、その何かは物語に付随する。しかし、物語は単なる伝える内容ではない。内容は表現に結びついているが、その結びつき方は、表現が内容のほうに従属しているというわけではない。そこには常に亀裂が入り、裂開の度に、内容にふさわしい表現が求められ、表現にふさわしい内容が求められる。物語それ自身と物語る行為には差異がある。そして、物語る行為、それは映画や演劇という表現形式の根底に流れている。

物語る経験

フェリックス・ガタリは、『三つのエコロジー』[1]という論考で、こう述べている。

「聖書的な世界のはじまりの物語に新しい永続的な世界の再創造の物語が取ってかわろうとしている」

私たちが生存する、このグローバル化を推し進める高度な資本主義の世界では、一切の地域のはじまりの物語は消え去り、地球上のすべての土地は平準化した一律の価値観のもとに再構築されてゆく。そこに棲む人々の内面も安全に管理され同じ価値観に貫かれてゆく。それは容赦のない脱領土化であり、世界中どこでも認知しうる情報化である。そのとき、私たち自身に馴染み深

[1]
フェリックス・ガタリ『三つのエコロジー』杉村昌昭訳、平凡社ライブラリー、２００８年

い土地の神話は形骸化し、顧みられることなく打ち棄てられ、私たちの生きる指針、私たちがどこから来てどこに向かうのかを教えてくれる私たちの母なる土地の物語を失うのだ。物語に取ってかわるのは、私たちの日々の生存のために必要な情報である。

しかし、それでも、ガタリは、旧来の起源の物語に回帰することのない、「新しい永続的な世界の再創造の物語」の可能性のことを述べる。ガタリは、以下のヴァルター・ベンヤミンの文章を引用し、物語が情報の伝達ではないことに注意を喚起する。

「情報が旧来の関係に取ってかわり、さらに情報自体が感覚に場所をゆずるとき、この二重の過程は経験というものの漸進的な減退を反映しているのである。これらの形態はすべて、おのおののやり方で、もっとも古くからあるコミュニケーションの形態のひとつである物語から離脱して行く。物語は情報とは異なり出来事の純然たる即自性を伝達しようとするのではなくて、出来事をそれを語る者の生そのもののなかにくみこみ、語る者が聞く者に対して自分自身の経験として伝えようとするものである。かくして、あたかも陶工の手が陶器の上にのこるように、語り手はそこにみずからの痕跡をのこすことになるのである」（同前）

物語るということを情報伝達としてではなく、その語りの現場、その空間での語りのふるまいに焦点を当てること。その語りの現場と様態は語り手と聞き手の主体を揺さぶり、その現場の時空間に配置され、切片化した素材は分離と結びつきを繰り返している。

ベンヤミンの言う、出来事がそれを語る者の生そのもののなかにくみこまれる、というのはいったいどういうことなのだろうか。それは、物語の内容にしかない出来事を、語る者が聞く者に対して自分自身の経験として伝えようとすることである。

私たちは、語る者がその語りの内容のなかにある出来事をあたかも自身の経験のように語ってしまえば、その語りは、出来事の当事者からの横領ではないかと思われてしまう、という語り手の道義的責任が問われる状況のもとに生きている。出来事を経験した当事者でないと、その出来事を語ることは許されないという倫理的な暗黙の了解が存在している。

確かに、そういう側面もあるかもしれない。しかし、出来事はその当事者の所有物ではない。出来事はその痕跡を身体や物体に残すことはできても、物体的に取り扱うことはできない。当事者でさえ、語り手として物語るとき、かつて直面した出来事にくみこまれなければならない。その「くみこまれ」は、かつて身をもって経験した出来事があって、それを聞き手に即座にわかるように表象・再現するというのではなく、いま・ここにおいて語り手の生に出来事のほうから到来し、それを捉えるようにして表現する、という感じではないかと思えるのだ。そのとき、語り手は、出来事に直面した当事者の「私」と「今まさに語っている私」との複合体となる。これをベンヤミンは物語ることによって生じる経験と言うのだ。

物語る現場において、いま・ここにはない出来事のほうへ引きつけられるようにしてなされる身ぶりは、聞き手への説明のため、正確な情報伝達のためになされるだけではない。語り手が物語の出来事の渦中に引きつけられて起こる身ぶりは、聞き手のためというより、語り手の出来事への「まきこまれ」という事態をあらわしている。これは語りの場における出来事の受肉であり、顕現である。そのとき、語り手から聞き手へ伝わるのは、語り手の経験なのだ。認識されるべき当事者の情報ではない。それゆえ、語り手は、出来事を即刻わかるように、説明的に、伝えるという手段から遠ざかる。なぜなら、ここで問題になるのは経験であり、情報ではないからだ。経験は決して情報化できないし、認識の対象にもならない。

そうであるならば、私たちの演劇表現において、経験はどのようにして受容されるものなのだろうか。

物語る技術

ハライチの漫才に次のようなものがある。

ヒーローの必殺技を一方の男が呈示してゆき、それをもう一方の男がそれを見えるように説明してゆくというものである。「音速のパンチ」から始まる必殺技の名前が列挙され、もう一人の男は実際にその言葉のイメージを演じるわけだが、技を列挙する男のほうの言葉は「鋼鉄のエルボー」「寸止めのキック」「激しめのタッチ」「爆裂に質素」「居酒屋に閣下」という感じで、次第に必殺技から微妙にずれてゆき、挙句の果てに「首筋にユッケ」「横綱がタップ」「角刈りのバッハ」「毛穴からチッソ」という、もはや必殺技からも言葉の意味自体からも離脱する。それでも、次々に提出される言葉から生まれる視覚イメージに演じるほうの男はなんとか合致するようなパフォーマンスを試みようとする。

ここには二つのイメージの流れがある。言葉のイメージとそれに対応する視覚的なイメージの呈示である。言葉のイメージのほうは必殺技という意味的な言葉の列挙からキック、タッチ、質素、閣下、ユッケ、タップ、バッハというふうに、提起される言葉の語尾の音声的同調による列挙に変容してゆく。それでも、その言葉を受けて立つほうの男は、なんとか事例を示してわかってもらおうとする。もはや言葉の意味がナンセンスと化し必殺技から離れてしまっていても、その言葉を視覚イメージとして演じて見せるという制約はどういうわけか存続し、この虚しいプレゼンは熱を帯びてゆくのである。本来ならば、「爆裂に質素」か「居酒屋に閣下」の時点で、おい、それはもう必殺技とは関係ないだろ、と突っ込むべきだが、突っ込み忘れてしまったのか、言葉を呈示する担当の系列と言葉を視覚化して説明する担当の系列は、異議申し立ての機会を欠いたまま中断することなく、分担しながら、その役割を忠実に果たしてゆく。

ここでは、言葉の視覚イメージへの変換がおこなわれているのであるが、重要なのは、その視覚イメージは誰にでもわかるような呈示としておこなわれているということである。「毛穴からチッソ」という不条理な言葉は、なるべく一般的な視覚イメージで観客に伝わらなくてはならない。それが困難であったとしても、毛穴からチッソが出てきたときのありさまを説明担当の男は必死に呈示しようとする。

考えてみれば、「毛穴からチッソ」という理解不能な言葉であっても、ビジュアル的にそれがどう見えるのかという要請のもとに、現在の私たちは生きているのである。「毛穴からチッソ」も「爆裂に質素」も、即座にビジュアル化されたら、たとえ必殺技とは無関係でも、人々には承認される。されてしまうのだ。「角刈りのバッハ」も、それが音声として出された瞬間、情報化されなければならないのである。そのことをハライチの漫才は見事に表現している。不動の姿勢によって発話される音声としての言葉と同時にそれらを、もう一方の男の解像度の低いふるまいで視覚・聴覚的に情報化するという二つの流れが、無謀にも漫才という表現でおこなわれ、それが危ういながらも持続する様を観るという経験を私たちは受け取るのである。たとえ不条理でナンセンスな言葉であっても、それが言葉である限り、言葉を言うことによる列挙は可能であるが、それを有機的な行為でわかるようにすることはその身体に無理を強いるだろう。つまり、ここでは、意味不明な言葉を即座に情報化しようとして失敗することが重要なのだ。そんな、不可能な表現でも、それなりの説明の仕方で、なんとか物語ろうとしている、という二人のパフォーマンスを私たちは一つの特異な経験として受け取っているのである。

このように、物語ることは特異な経験であり情報ではない。

ベンヤミンの「物語る技術」という短いエッセイに、そのことが述べられている。

世界はニュースには溢れているが、不可思議な出来事には乏しいとベンヤミンは言う。日々起こることは何ひとつ物語の役には立たず、ほとんどすべて情報の役に立つだけである。出来事を再現することで、出来事を説明から解き放ってやることは、物語る技術（物語るという芸術）である。

そして、ベンヤミンは、物語とは何かを端的にあらわす例として、ギリシアの歴史家ヘロドトスが書いた、プサンメニトスの物語をあげる。

「エジプト王プサンメニトスがペルシア王カンビュセスに打ち負かされ捕らえられたとき、カンビュセスは彼に屈辱を与えようと図った。カンビュセスは、ペルシア軍の凱旋行進が通ることになっている道に彼を立たせておくように命令した。さらに、彼の娘が、瓶をもって泉に水を汲みにいく召使いにさせられて側を通るのが見えるよう、手配をした。すべてのエジプト人はこの光景を見て嘆き悲しんだが、プサンメニトスだけは言葉なく、身じろぎもせず、じっと視線を地面に落としたまま立っていた。その後しばらくして、息子が処刑のために引き立てられていくのを見たときにも、同様にじっと動かないままだった。しかし、その後、彼の召使いのひとり、年老いたみすぼらしい男が捕虜たちの列のなかにいるのを認めたとき、彼は両の拳で自分の頭を打ち、最も深い悲しみのあらゆる仕草をしたのだった」[2]

さまざまな解説がこの物語にはなされている。召使いを見てはじめて王が悲しみ、その前には嘆かなかったというのはなぜなのか。例えばモンテーニュはこう答える。

「王の悲しみはすでに満ち溢れんばかりだったので、ほんのわずか悲しみが増しただけで、堰を切って溢れ出るのに充分だったのだ」

他にも色々な解釈が可能だろう。何よりも、まるで報道記者のように、その説明は即座になされるだろう。しかし、それは情報でしかないとベンヤミンは述べる。

「情報は、それがまだ新しい瞬間に、その報酬を受け取ってしまっている。情報はこの瞬間にのみ生きているのであり、みずからのすべてを完全にこの瞬間の手に引き渡し、時を失うことなくこの瞬間に対してみずからを説明し尽くさなければならない」（同前）

これに対して、ヘロドトスの物語る態度は、ひと言も説明しない、というものである。その報告はきわめてそっけない。そのことによって、物語は、みずからを出し尽くしてしまうことがな

［2］『ベンヤミン・コレクション〈6〉断片の力』浅井健二郎・久保哲司・岡本和子・安徳万貴子訳、ちくま学芸文庫、2012年、271頁

い。自分の力を内部に集めて蓄えており、長い時間を経た後にもなお展開していく能力がある。物語の経験としての受容とは、プサンメニトスの心理を推察したり、彼の行動の原因を探ったりすることではなく、不可思議なままにこれを経験することであろう。物語の力は、消費され尽くすことなく、永遠の謎のままに展開してゆく。

情報としての経験

物語る行為が、物語の内容を情報として伝達するのではなく、一つの経験として発せられ受容されるということ。そのような言語行為の経験の媒体として、演劇がきわめてふさわしいものであることは、容易に想像できる。

だが、ここで疑念が起こるのは、やはり演劇の身体性とそれによって生じる有機的な現場性のことである。私は、演劇が、無機的な情報ではなく、有機的な経験として観衆を引き込むときの危うさのようなものを感じているのかもしれない。それを演劇という表現形式自体に感じざるをえない。演劇は、個体としての人間の身体（あるいは、その身体の集まりとしての集団的な身体性）とそれによって生じる時空間の状態という、ある意味、閉鎖的な領域によって成り立つからである。

しかし、身体は社会的な個人として限定されるものではない。私の母を嫁がせる願望は、この社会に流通する情報化した宇多田ヒカルの声につながらなければ、まぶしい笑いのような母への欲望とはならなかった。得体の知れない欲望との出会いとは、母が、「ぜいあーぜいあーぜいあーぜいあー」の声のままであり続け、記憶のなかの母や想像のなかの母へとビジュアル化しないということでもある。それは、決して地縁・血縁の領域、母なるものへと還元できない。しかし、演劇のほうは、身体を演劇にふさわしいものに限定する。演劇による身体の馴致、欲望の抑制。演劇はそれらを管理することに関しては、うまくできている。それは、現前性というライブ感を体験するということにとどまらず、個人や共同体を、彼・彼女や彼ら・彼女らにふさわしい首尾一貫した経験へと象《かたど》っていくのである。

個的な経験に収まることなく、情報化されたとしても個人的な経験とは別のありかたで、演劇の経験をとらえることができないのだろうか。

私たちマレビトの会が試行し続けていることは、寸劇的な演技や空間の創出である。私たちの寸劇の身ぶりはつり革を握る身ぶり、ハンドルを握る身ぶりをすることで、電車に乗り、車に乗っているという「ふるまい」をあらわす。その「ふるまい」こそが演劇の表現となり、その「ふるまい」に入り込むことで「上演の経験」をつくり出す。それは、電車と車を表現するという経験であり、電車と車を表象するという情報ではない。

ある俳優は、上演で食事をする身ぶりをしたときに意識していたことは、味が来るという感覚だったと自身の演技について語ったことがある。また、ある俳優は、コップを握る仕草をするとき、意識するのは、コップの形を手でつくる（形の説明）というよりも、コップをつかんだときの冷たさ（経験）だと言った。俳優たちの演技は、あくまでも経験としてのふるまいへの没入であり、観客への食事やコップの表象の呈示ではない。そのとき、食事やコップをあらわすマイムは観客への説明的身ぶりを断念し、疎かになる。

これらの寸劇的な「ふるまい」は、観客への記号的呈示（約束事の共有）というだけではなく、その「ふるまい」をおこなう者が、もう一つの世界へ没入したことを表現している。このようにして、寸劇の「ふるまい」は、表象を超えた、経験の表現に関わることになる。

しかし、それでは不十分ではなかろうか。その経験の表現が、既存の個人的な経験へと承認されることにとどまる限り、演劇の管理からその経験の表現は逃れられてはいない。

はなす演劇・態《てい》の演劇

演劇は、物語るという言語行為である。何かを「かたる」ということは、その何かの形を象るように「かたる」ことでもある。その「かたる」は「はなす」ということとはいささか違う感じがする。何かを「はなす」ということには、その何かの形、象りがはっきりしないままで「はなし」ている感じがするのだ。普段、話の筋がないままに私たちは「はなし」ているはずである。つまり、物語や話の筋、形のことは気にしないで「はなす」ことをしないと、「はなし」にはならないのである。

演劇において「かたる」ことよりも「はなす」ことのほうを重要な発話行為として捉えようとしてみること。「言う」とか「口にする」という「はなし」の流れからさえ、こぼれるような発話行為こそが演劇の大事な構成要素となるのかもしれない。そのとき、上演空間では、観客に聞こえない声がぶつぶつと口にされる、ということも起きるかもしれない。

演技という行為においては、「ふるまい」よりも、それは「身ぶり」や「仕草」という動きに細分化される。「ふるまい」も発話行為の「かたり」と同様に、何かを目に見えてわかるような形にして、つまり動詞として成り立たせる。そのような「ふるまい」にもならないような「身ぶり」や「仕草」は、共有可能な伝達を目的とする約束事としてのアクションにはならないだろう。つまり、形をなさない単なる「動き」に近いようなマイムに演劇表現としての可能性はあるのだろうか。

演劇で何かを表現することは、統合された主体としての個人に関わることではなく、それが切片化された話し声や身ぶりによる上演をへて初めて生まれる主体の複合体としての生成ではなかろうか。

では、その生成はどのようにしてなされるのか。やはり、演技によってなされると、言えるのかもしれない。しかし、それは、「かたる」ことなく、「ふるまう」ことのない、形になる前の「身ぶり」「はなし」「言う」を総合した演技である。だが、それを演技と言えるのか。

いったい、演技とはどういうものなのか。

演技をすることよりも、態でいることのほうを選ぶこと。態でいる、というのは、雨は降っていないのに、雨が降っている態でいるというときの「態」のことである。「体」とも書くが、それは身体がとる態度にとどまらないのではないか。それゆえ、態という文字を当てる。

演技は、それをすることによって、現状に異質な時空間をつくり出すという意味では態と同じだが、その状況には信憑性がありそこにつくり出される時空間は重く強固である。つまり、演技はうまくなされればなされるほどバレないのである。その演技が真に迫っているか、そうでないのかが問われる。それゆえ、演技は形をつくり、一本の筋の通った物語を上演するのにはふさわしいのだろう。それに対して、態による演劇は、軽く、ちょっとしたことでゆらぎ、小さなテリトリーを簡単につくることができる。形に拘泥せず、可塑性があり、立っているのに座っている態というような見え見えの嘘をつく。まるで寝袋にでも入るようにそこに棲み込み、立ち退きを迫られては移動するノマドのようだ。だが、実際に動くわけではなく、そこにとどまりながら旅をする。態は、現状でありながらもそうではない状況という不思議な二重の世界をこの現実につくりうるチャンスである。演技が物語だとすれば、態は寸劇（コント）にふさわしい。しかし、態の力で物語ることができないというわけではないだろう。

このようにして、私たちの上演は、演技から遠ざかり、「態でいること」によって俳優の身体は戯曲上の場所へと導かれる。この「態」によって、分子状に発話される「はなし」、切片化された「身ぶり」や「仕草」による「疎かなマイム」はひとまずは総合される。「態」の働きはその都度その都度の状況に応じての主体の複合化とその解体という出来事を引き起こす。

顔を上げること

上演のなかにいる俳優はいったい何を見ているのだろうか。

木下恵介の映画『野菊の如き君なりき』で、民子が花嫁になって家を出るとき、俯いていた顔をぐっと上げる場面がある。私はこの仕草を見る度に胸がしめつけられる思いがする。顔を上げて何を見たのか、いろいろと想像はできるが、実のところはよくわからない。祖母から、「民子、お嫁さんは俯いていきなさい」と言われ、民子はあっさり俯く。

顔を上げ、また下ろすこと。それを、婚礼への抵抗の身ぶりと承諾の身ぶりというように、一連のふるまいを捉えることもできよう。しかし、この場面には心理的な感情のあらわれにはとどまらない何かがある。

花嫁の顔が上がったままでは動き出さない人力車は、民子の俯く仕草とともに車夫が柄を上げ走り出す。俯くこと。それは世界への合意である。それは花嫁が嫁いでゆくという合図であり、もう決して引き戻せない出発でもある。花嫁の車の列は、民子の顔が上がってブレーキとなり、下がって前へと進むのである。

しかし、そのような仕掛けの花嫁の車の列とは別の流れがそこにはあったのではないか。そんなメカニカルな回路とは別の欲望の回路が。

自身の運命に抗してブレーキをかけるように顔を上げたとはいえ、民子はどうして顔を上げ、何を見ようとしたのか。見ようとしたというのであれば、政夫の面影なのかもしれない。顔を上げることでブレーキがかかるのだから、政夫への想いを知らしめたかったのかもしれない。それなら、それは絶望的な身ぶりでもある。つまり、花嫁の支度をするほどまでにその結婚を承認しておきながら、本当はそれを受け入れてはいないという最後のあがきのあらわれ、なのかもしれない。

ただ、そのように詮議すればするほど、追いつけないような気分になる。顔を上げ、何かを見ようとすることに、人間ののぞみを超えた何かを見ざるをえない、と言えばいいのだろうか。

見ようにも何も見えないのに当たり前のように何かを見ようとすること。私はこういう民子のような眼差しをいくつか見たことがある。マルグリット・デュラスの映画『インディア・ソング』のたゆたう人々の視線やマネの絵に描かれたこちらを見るモデルたち、誰かの飛ばした風船を小津の映画の老夫婦が見上げること。そのとき、彼ら、彼女らは現在を生きているようには思えない。いま・ここことは別の時間の流れに入っているのではないかと思えてならない。花嫁が嫁ぐという「ふるまい」が分解され、顔を上げ、何かを見入る（何も見ていない）という「身ぶり」の複合体へと総合されたとき、そこでは何かが起こっている。

いま・ここで二人の人物が何かをしているとき、たとえば、話をしているとき、その一方の人が、相手とは違うほうへ、そこには誰もいないにもかかわらず、中空目がけて何かをしようとしたら、おかしなことになる。そんな感じなのかもしれない。

上演中の俳優の眼差しも、何かを見ているようで、何を見ているのかわからない眼差しではなかろうか。戯曲上には部屋の壁があり、そこにかけてある絵を見ているという演技をしている俳優は、実際の舞台上にある絵を見ているとは正確には言い難い。なので、私たちの演劇においては、それを、そういう態でいるということにした。

絵を見ている態の俳優の眼差し。それは、戯曲上の絵は舞台上のうちにはないにもかかわらず、俳優は絵を見ているふうでいる、ということである。ならば、そのとき俳優はいったい何を見ているのか。このことは、「見ていること」と「見ている態」は何が違うのか、を問うているのではない。見ている態でいるとき、いったい、何を見ているのか。いや、何を、というより、見ている態の「眼差しの様態」とはどのようなものなのか、と問い直すほうがいい。

何を見ているのかというようにその見ている対象を問うのなら、それは俳優に聞かなければわからない。そうではなく、「見ている態」でいるとする上演においては、「見ること」自体に奇妙な回路が働き出すということではないか。それは、何かを見ようとしている俳優の身体が、何を見ているのかわからないことと同時に成り立っている状況とも言える。つまり、何を見ているのかわからないままに何かを見ているのだ。そのことに尽きる。それ以上でもなくそれ以下でもないことを、いま・ここからの無限の隔たりとして知覚しているのだ。「何」の内容は不問に付されたままに「見る」という行為が成り立つこと。演技する、としたときには「何」の内容はよりはっきりしなければならないが、態でいる、の場合は「何」の内容よりも「見ること」のほうで力のトポスが湧き出している。そのようにして「見ること」で壁の絵を見る俳優は、戯曲のほうへ去っていく。俳優は「絵を見る人」になるというより、「絵を見ること」になるのである。演技することは人物になることであるが、態でいることは出来事になることである。

無論、これは、俳優のことのみについて述べているのではない。何よりも、演劇を見るものたちのほうに生じている未知なる経験なのである。あのエジプト王プサンメニトスの眼差しへの私たちの態度がそうであったように。

風景を上演する

私たちは風景に引き込まれるようにして演劇をつくってきた。風景は眺める対象としてのみあるのではなく、そのなかに入り込むべき時間であり、空間である。そうして風景に内在しながらも、風景は私たちから隔たる。「いま・ここ」の現前から「いま・そこ」の風景へと、何かが、後ずさるときにこそ劇の立ち上がる時空間が生まれるような気がする。「何か」というのは目で見えることのみではないと思われる。風景、それは、単なる視覚的な景色ではない。光景でもなく、情景でもない。

それは単に、私たちの眼前に広がる空間のことだけではない。風景を「風–景」としてとらえること。「風」というのは、吹きすさぶ、風という意味だけではなく、景色を満たし、その空間の間隙を漂う雰囲気や気配のことでもある。また、その空間に唐突に意味が生まれる出来事の感触でもある。風景はそれゆえ、光景との関わりで、あるいは、そこが情景になることで知覚的で感情的な出来事をその空間に生み出している。そして、さらに重要なことは、「風」を何かの流れとして、いま・ここの私たちの現在の状況からは感知しえないが、それでもそこにあってゆらぎ、未来にあってこそ受肉・顕現すべき兆候としてとらえることである。そのような「風」（内在する風景）を、時間の流れが現在から逃れ、過去と未来が混在するような出来事のひしめく場所として再構成することはできないだろうか。つまり、「風–景」を上演することはできないだろうか。

福島の県立美術館で、ある画家の風景画を見ていたら、英語でlandscape・seascape・townscapeという表記にまじってsceneという言葉が当てられているものがあった。そのとき、「シーン」という言葉が「風景」を表すことに奇妙な感覚を覚えた。シーンは「光景」という言葉のほうがしっくりくる。あるいは、シーンは「場面」という演劇や映画におけるストーリーの展開を表す要素のことでもある。なので、シーンには動きがあり、その動きや物語の前後へと連続する契機とも言えるかもしれない。動きの流れ、話の展開にしたがうように光景や場面は、そこに現れていること（絵に描かれている内容）が何らかの意図として焦点化されている。

しかし、私たちが演劇で扱おうとしている風景は、そのような契機を欠いている。風景の中にあることがらは、焦点化されることはなく拡散しているように感じるのだ。あるいは、漂っているとか、ゆらいでいるという言い方がふさわしいのかもしれない。風景には、雰囲気や気配、空気感のようなものが漂っている。それは、目に確かには見えないが、それでも確かにある「ただよい」や「ゆらぎ」としてその空間を満たすもののことだ。それは物質的なものではない出来事の一種としてとらえることができる。その、ただの「ただよい」の様態から、何かの展開の契機が生まれたとき、風景から光景へとその場が変容していると言えるのかもしれない。逆に、光景から風景へと移行するということは、光景の焦点化が薄れ、その焦点化していた緊張が弛緩したということになる。

いったい「風景の現れ」というのはどういうことになっているのだろうか。風景というのはすでにもうその風景のあるところ、「そこ」にあるもので、そこと私たちとの出会いのありようで、その現れようも決まってくるような気がする。

そこに時間的な契機がないとき、風景は風景のままを保ち、決して光景になることなく、その風景の強度に満たされている。風景の強度とは、そこに満ちて漂う気配や雰囲気の現れの度合いのことである。時間的な契機がないと書いたが、それはものごとの展開の前後関係がはっきりしないというようなことで、風景に時間がないというのは違うのかもしれない。光景に生じている時間的な契機と風景に漂う時間は、時間の種類が異なっている。風景において流れる時間には、人間的な関わりが失われているのかもしれない。

演劇において風景を上演することは、どういうことか。風景は、それが「光景・場面」となってしか演劇においては成り立たないのだろうか。演劇や劇映画などは、時間的契機を必要とする時間芸術と言える。だが、だからと言って、漂うような時間の描写をそれらの時間芸術が排除するものでもないだろう。

そこで想定されるのは、人間の「ふるまい」や「おこない」の目的が達成されず、その目的への動きの軸線がずれるとき、風景と光景は互いの境界線を確かめ合うのではないか、という問いである。

宮崎駿の『となりのトトロ』で、登場人物のサツキとメイの姉妹が、雨降りの晩、父に傘を渡すためにバス停で父の帰りを待つという描写がある。この場面が興味深いのは、父の乗車しているであろうバスに、父が乗っていなかったことである。あてが外れたことで、二人は夜のバス停でしばらくの間、バスを待つということになる。そのとき、このシーン（光景・場面）において、二人の娘たちは行動の目的を失い、その周りの夜の闇の雰囲気に包まれることになる。シーン（光景・場面）の焦点が、人物の動きの描写からその人物のいる空間の気配の表出のほうへと変容したのである。場面に運動の停滞が生まれたとも言える。

無論、この停滞によって生まれる気配は、次に起こるトトロという異界の生き物の登場を予感させる契機にもなっている。それでも、登場人物の運動の目途になんらかの差し障りが起こり、シーンに停滞が生じるとき、何かの「ただよい」や「ゆらぎ」にその場面は満たされるのである。目的のある行動としての運動が衰微することで、その場所の環境の持つ雨降り特有の雰囲気や気配が烈しくざわめき始め、それによってあたりは満たされると言ってもいい。この満たされるもの、漂いゆらぐものを私は「風」と定義したいのだ。

人為的な運動はなくても、空間に潜在する運動が活性化するということなのかもしれない。雨つぶの無数の落下、幼い妹のメイがお稲荷さんの暗闇を見に行き畏れを感じること、地面を這うカエルのユーモラスな動きや田舎の夜道をすすむ近隣の見知らぬ人の自転車によって、その場所は、停滞はしているものの、なにかの気配が充満していて、全くの空虚に陥るということはない。むしろ、その停滞によって、二人の娘の心細さという心理状況を、その場面は見事に表現してもいるのである。しかし、その心理描写のほうへ、その空間の潜在性が表面化してしまうと、その潜在性は立場を失う。すなわち潜在性の強度はたちまち流れを失い、固着化するのだ。

小津安二郎の『東京物語』の冒頭には、尾道に住む主人公の老夫婦が東京への旅の荷造りをしているという有名な場面がある。老夫婦は汽車で使う空気枕を探している。互いの鞄に空気枕が入っていないことを確かめ合うセリフのやり取りの途中で、隣の家の婦人がやって来て、二人は挨拶をかわすことになる。そのとき、空気枕を探す行為は中断される。そして、挨拶が終わり、二人はまた空気枕を探し、あっさり発見するということになる。夫のほうが迂闊だっただけで、空気枕はずっとそこにあったのだ。このなんの変哲もない三つのシーンの展開がどうしてこうまで私たちの心をかき乱すのか。

そこにあった空気枕。そこにあり続けていた空気枕。それがないと老夫婦に言われ、いっこうにないままで、いったいどこにあるのだと求められていた空気枕は、だけれども、そこに確かに物体としてあったのである。隣の婦人が訪れたとき夫婦の興味も私たちの視点も一瞬空気枕から離れたにもかかわらず、その間も、空気枕はそこにあった。そのようにして、そこにあり続けるものは人間の都合で焦点化され、時間的契機、ドラマ展開の道具にされるが、その興味・契機を失っても、そこに存在し続けていた。まるで、風景のように空気枕はあって、人間の都合で空気枕にまつわる「ことがら」が突然、シーン（光景・場面）へ変容したのである。いや、というよりもここでは、風景と光景が同時に並存していたとも言える。

さっきまであったと思っていたものがなくなって、それがどこにあるのだろうと気を揉んだり、隣の婦人がやって来て挨拶して帰ったら、またなかったものが気になって、探してみたらあっさり（何という偶然だろうか！）見つかったという私たちの凡庸な日常世界と、そんな人間の些細な有用性に引きずられることなく、いつの間にか出来事が進行しているような空気枕の世界。前者を私は「光景（シーン・場面）」と言い、後者を「風景」と呼んでいるのかもしれない。

私たちの意識はシーンの中で推移し、それに頓着しない身体は風景の側に立ち位置を保持しながら、無意識的にそこにある「ただよい」や「ゆらぎ」を感知している。そのとき、風景は、ただ視覚の限りでそこに見え、そこに広がる空間的な位相のことだけではない。日常の人間の営みのなかで、その「ふるまい」や「おこない」の内部に潜在し、漂う出来事としての位相でもある。それは空間的な座標で捉えることのできない時間の流れそのもののことである。

それを演劇で上演するということは、果たして可能なのだろうか。

風景の中に光景を発見し、光景から風景へと拡張させてゆくこと。あるいは、光景に顕現していた運動の流れを中断し、そこに潜在していた風景的な要素との横断的な結び直しをつくること。

そのためには、戯曲があり、そのセリフや人物設定、物語の展開によって舞台上にリアルな感情と状況の演技を際立たせていく一般的な演劇の方法というよりも、上演空間のただなかにある場所（そこは劇場であり、戯曲上の場所でもある二重の場所である）、雰囲気、気配、あるいは俳優の身体そのもの、仕草、発話、舞台空間における光、音などの様々な劇の構成要素を組み合わせることによって「上演という混成体」をつくることを創作プロセスの目的としなければならないだろう。

そのことで、人物の出入り、単数か複数か、群れになるのか、あるいは移動の速度、ゆっくりなのか早いのか、その場にいるのか、立ち去るのかという静止と動きのパフォーマンスによって、ある感覚が生じるのではないか。その感覚のことを、情動（アフェクト）と言ってもいいのかもしれない。それは、既存の人間性や人物像から生まれる感覚・感情とは異なる、その場で表現されることで初めて生産される特異な知覚なのではないかと思われる。

演劇の上演によって初めて生まれる特異性としての情動。これを享受する場を私たちは風景に求めている。そこは呑気に眺められる風景にとどまらない未来からの兆候の息づく「風―景」としての空間である。情動を享受する場は、しかし、あらかじめ設定されているような空間ではない。この「風―景」空間はつくり出される出来事である。では、「そこ・それ」は、どのようにして誰が創出するのか、という主体を問う問題提起がなされることとなるだろう。その問いは困難を極める。その「風―景」としての空間は、何らかの「ふるまい」や「おこない」によって生じつつ、その「ふるまい」や「おこない」を規定してもいるからだ。その空間の現れとともに主体も定位する。その空間が流動的であれば、無論その主体もすぐに流され解体してしまう。そのような主体を「誰」となかなか同定できない。

それでも、演劇上演においては上演する身体がある。演技する俳優がいる。しかし、その俳優の身体は、個人としての同一性が著しく欠如した分子化した複合体としての身体にならざるをえない。つまり、このような上演主体は、俳優自身（個人）や演じる戯曲の登場人物に還元することはできない。なぜなら、既存の人物像から生まれる感覚・感情を共有することのみにとどまる演劇上演とは創作目的を異にしているからだ。そこではリアルさの承認が問題となるが、私たちの演劇上演においては、創出された「風─景」空間において生産される情動の感知が問題となるのである。未だ分からぬものへの生成を感知する主体とは、既存の自己同一性によって構成された個人の枠を超えて、その場のなりゆきに即応して、その都度、生じなければならない多様な構成体としての主体の集合体である。

このようにして上演された「風─景」という場所に生じる情動は、それではいったい何を引き受け、分解し切片化しようとしているのか。そしてそのマイノリティーと化した情動を、私たちはその上演においてつくり直し、何に抗して働かせようとしているのか。

演劇を上演することは政治的な葛藤というドラマと無縁であることは許されない。その判断には、何が関係しているのか、もちろん定かでないまま、私はこんなことを述べている。そのドラマは目に見えるようなものとして、そこにあるものではないだろう。いや、いくつものストレスを抱える事態に日々さいなまれているのは事実だし、それが可視化されることは多々ある。だけれども、その抑圧や抑制がどうして生じているのかを私たちはよくわかっていない。この日常生活という現実の内側に、意識や理性をも超えて入り込んでくる外側からの欲望という計り知れないもう一つの現実が禍々しく存在しているのも確かなことだ。と、同時にその欲望は禍々しいがゆえに管理され、いたるところで権力と化して顔を出す。カフカの作品に登場する礼儀正しい態度で暴力を振るう二人組の小役人のように。その二人の顔は官僚の仮面を着けているゆえ見分けがつかない。彼らの身ぶりに個人的な差異はあっても、ふるまいとしては得体の知れない管理の行使なのである。

フーコーは『知への意志』[3]で次のように述べている。

「権力の遍在だが、しかしそれは権力が己が無敵の統一性の下にすべてを再統合するという特権を有するからではなく、権力があらゆる瞬間に、あらゆる地点で、というかむしろ、一つの点から他の点への関係のあるところならどこにでも発生するからである」

つまり、権力は様々な関係がいたるところで焦点化したときに生まれる。だが、おそらくは、そのように焦点と化した光景となる前に、あるいはその後に、それらの起点を別の起点のほうへと結びつけようとする線のプロセスがあるはずなのだ。その線が無数に交差するフィールドを「風–景」の位相として思考し、そこに生じる出来事を情動の上演として試みること。これからの、私たちの演劇上演の課題はそこにある。

［3］ミシェル・フーコー『性の歴史I　知への意志』渡辺守章訳、1986年

◆**松田正隆**（まつだ・まさたか）
劇作家、演出家、マレビトの会代表。1962年、長崎県生まれ。94年『海と日傘』で岸田國士戯曲賞、97年『月の岬』で読売演劇大賞作品賞、99年『夏の砂の上』で読売文学賞を受賞。2003年「マレビトの会」を結成。
主な作品にフェスティバル／トーキョー2018参加作品『福島を上演する』など。
2012年より立教大学現代心理学部映像身体学科教授。

第3章

手順

身体と質料をそなえた人間の回路

情報技術時代の制作論

村山悟郎

本章の論点

芸術系の作家でもある村山悟郎は、セルオートマトンが分岐しながら増殖する図柄と、繊維で織りあげた地（キャンバス）に絵を描くという独特の作風を展開し続けている。制作にはつねに「手順」もしくは「手続きの継続」が含まれる。アトリエを分散させて巡回的に制作の手順を複数化するクレーのような制作の仕方もある。またそこでは一定の規則性が介在するが、決定論的で、かつ創造性をもつような数学やプログラムの構想を活用しながら、制作は進められる。

手順の接続点には、多くの選択肢が含まれており、情報プログラムとの違いは明白である。この論文で事例として示唆されているような図柄を自分で描いてみると同時に、論文そのものは是非二度読んでいただきたい。著者の制作は、手順として開始され、おのずと進んでいる。そのため数学やプログラムの理論構想を機械的に応用したものではない。だが同時に手順の進行そのものを、理論構想を比喩的に活用しながら、自己確認するように描いている。

忘れることの創造性

夜中、眠る前にベッドで読書をするときがある。読んでいるさなか尿意をもよおし、本を開いたまま置き、小便に立つ。用を足したあとに急激な眠気に襲われて、部屋にもどる途中で「明日も早いからもう寝よう」と思う。自室の入り口にある電灯のスイッチをオフにして、真っ暗な部屋のベッドに飛び込む。そのとき、腹で何か固いものを押し潰した感触があり、忘れていたことに気づく。「ああ、僕は読書をしていたのだった」。読みかけの本には、開いた頁に圧迫した跡が残った。忘れたことの痕跡とでも言おうか。

忘れること。創造の過程では、しばしば忘れるはたらきがポジティヴに作用することがある。日常とは、先に述べたような、無数の行為選択によって現実を形成することである。絵画の制作においては、行為選択のプロセスや手順がレイヤーとして残る構造があり、忘れるはたらきが新たな局面をつくり出す契機になることがある。画家が、一つの作風を確立しているのであれば、それは一連の制作プロセスの記憶をともなっている。この記憶をみずから意識して揺るがし、新たな作品をつくり出すことは容易ではない。スタイルとは、膠着の別名とも言えるだろう。行き詰まったスタイルは、しばらく放っておくことになるが、心の片隅にはじっとそのことを留めおくようにする。

さて、いくばくかの時をへて、再びその絵に取り組むことにしたとき、かつてのプロセスを思い起こしながら作業することになるだろう。絵画のレイヤーの一層目、二層目、三層目、と仕事を積み重ねてゆく。そのなかで、忘却が構造として実現することがある。意図して捨て去ることではない。全てを白紙にするわけでもない。それは、分岐する行為のなかで選択肢の一つを脱去すること。簡単に言えば、二層目を忘れて、三層目の仕事を先にしてしまう、というようなことだ。そうして二層目をとばしたことに気づいたとき、しくじったという感触もあると同時に、別の可能性に賭けるような決心もついている。そのためにそのスタイルをペンディングしていたようなものだからだ。いまの画面の状況は、自分の想定したものではないから、新たな工夫を繰り出さなければならない。その工夫が成就したとき、絵は新しい局面に入っている。それは何か新しいことを始めようという気負いとも違う。ただ、十分な待機時間のなかで頭のなかの整理はついている。上手くいく予感がある。創造的な忘却とは、次の行為選択に、別の可能性が暗に発現していることによって、必然的にもたらされているとも言えるかもしれない。

創造とは、制作プロセスの別様な回路を探り当てることだと私は考えている。手順が組み替わること。ときには忘れることも積極的に活用する。意図した手順の組み替えには、次なるプロセスへの予期が含まれているが、忘れるはたらきにはプロセスの軽度の分断が伴う。この分断が、みずみずしい感性を呼び覚ましてくれるのだ。これを巧みに活用して、人間は創造的なプロセスを歩んでいるとは言えないか。制作行為においては、速いこと／遅いこと（過剰な頻度の行為選択／忘れるほどの長い待機）、質料性と身体などが関与しながら、記憶や意図を膠着から解放し、感性の自在さを引き出している。制作をとおして人間の創造を考えたとき、私自身のリアリティではそんな感触である。

ではＡＩのようなプログラムの思考形態はどうか？　みずから新しいパターンをつくり出すようなプラスティックなシステムを構想しようとするとき、人間とＡＩの対比は興味深い。ＡＩは、少年のような可塑性を持ちうるだろうか。プログラムに忘れるはたらき（遅さ）や、そのつどに手順を組み替えるようなプロセスを実装することによって、どのような結果が得られるだろう。

本論では、情報システムとしての人工生命プログラムを参照しつつ、手順と創造性の制作論を展開したい。私たちの未来や創造はコンピュータと共にあることは間違いない。ちょうど将棋の棋士がソフトをつかって訓練するように、あるいは棋士とソフトの差異を思考するように、プログラムの特性と限界とを理解し、その助けを借りながら、人間の創造について展開可能性を測ってゆきたいと思う。なかでも本稿でとくに強調したいのは、手順に宿る創造性である。

クレーのアトリエ

近代の画家たちは、制作のプロセス自体を思考し、作品の形式および内容と結びつけてきた。中世から確立された油彩の古典技法にとって最大の問題は、プロセスが確定していることだったからだ。セザンヌは、単層の画面をオールオーヴァーに描きすすめ、制作のどの段階を切り取っても作品として不足ないよう筆触を配している。しばしば見られる画面の余白の残し方、そのバランスに、その一端を窺い知ることができる。マティスは、制作過程を画面の変転状況にそって写真で記録し、構図をダイナミックに動かしてゆきながら完成まで辿り着いている。デ・クーニングのアトリエには、描き上げた無数のドローイングがストックされており、絵画の部分的な要素をそのドローイング群から選び取って、再構成するような制作過程がある。そしてクレーもまた、近代を代表する画家であるが、アトリエを複数持ち、作品においては画面を後から分断し再構成するようなプロセスへの積極的なアプローチがある。

パウル・クレー（Paul Klee, 1879–1940）は、１９２１年にヴァイマール・バウハウスに教授として招聘された。ヴァン・ド・ヴェルドによる建築のなかに、大小二つのアトリエを持っていた。ヴァイマール校の閉鎖にともなって、クレーは１９２６年に引っ越し、デッサウへ移転したバウハウス（ヴァルター・グロピウスによる建築）においても、彼は息子の助けを借りて異なる環境の二つのアトリエを保持した。[1] クレーは複雑なプロセスをもって絵画制作にあたっており、水彩および油彩ともに、時を経て加筆し、あるいは描き変え、解体と再構成を行っていた。クレー自身が〈切断〉と呼ぶその手法では、未完の絵画を後から加筆操作することを旨としており、回転、加筆、切り揃え、切り離し、さらにつなぎ合わせて上から塗るなど、様々なプロセスを造形のなかに取り込んでいる。クレーは二つのアトリエを行き来しながら、いくつかのプロセスを同時並行あるいは停滞させながら制作を進めていたのではないだろうか。一般に絵画制作においては、他方のアトリエの作品の乾燥待ちの間に、もう一方のアトリエで作業するという合理性もある。しかしそれ以上に、制作環境のなかに多くの選択肢群を持たせるような工夫として二つのアトリエは機能していたはずである。

また、クレーがしたためた「造形思考」や日記には、細胞分裂や植物の毛細管現象のついての記述が見られ、それらへの洞察と彼の制作プロセス〈切断〉の構築が関係していると考えられる。[2] とくに１９０６年の日記［７７２番］に書かれたベルガモットの取り木の実験では、クレー自身がローマから持ち帰った株を増やして、そのスケッチを残している。苗の枝を折り曲げ地中に固定し、根が張ったところで枝を切り離すと、それまでとは反対の方向に樹液が流れ出す毛細

［1］
ヴォルフガング・ケルステン／池田祐子訳「アトリエ絵画」『パウル・クレー　おわらないアトリエ』日本経済新聞社、２０１１年、36～40頁

［2］
三輪健仁「「切断・再構成」→「油彩転写」あるいは「切断」→「油彩転写」→「再構成」」『パウル・クレー　おわらないアトリエ』日本経済新聞社、２０１１年、２１８～２２４頁

管現象の仕組みを、図解して示している。このような自然のシステムを取り込んで、クレーの切断と再構成は多義的な絵画空間を獲得するに至ったのだ。

制作プロセスにおいて、何から手をつけ、どの程度の状態でおいておくか。他方をあえて停滞させておき、進行の手順をアレンジする。これらは絵画の制作行為(ポイエーシス)に限らず、社会や職場での現場力(フロネーシス)にとっても重要な問題意識だ。コンピュータのプログラムには、今のところこのような進行プロセスの采配はみられない。しかし、制作や社会あるいは私たちの現実は、順序の妙によって形成されているはずだ。

ところで近代絵画においては、制作プロセスへの問題意識は次第に形式主義的なスタイルとして膠着していった経緯がある。クレーが植物のアナロジーとして絵画の形式を思考したような自然のモデル化、これを排除し、絵画の最低限の構成要件のみから形式を考えようとする還元主義的なアプローチが自走するようになって、形式主義的な絵画は死んだと言われた。しかし1970年代以降の自然科学とくに情報理論、カオス、自己組織化、オートポイエーシス、創発、コンピュータ・シミュレーションなどによって、プロセスは改めて重要な概念として定位し、絵画および制作にとっても重要なモチーフとなっていると筆者は考えている。あるいは「人の創造性とは何か?」という問いが、AIというシステム特性との対比によって具体性を帯びるなかで、絵画においても主題化しうるようになってきた。たとえば、人間とプログラムの顔認識ではどのように異なるか、私は作品化している。[3] また後半に論じるが、プログラムで書けないような制作プロセスを構想し、形式化するような絵画作品をつくることができるか、という試みである。

[3]
村山悟郎『個展「監獄のファンタジー」記録集』NPO法人アートフルアクション、2016年

新しいものが生まれるとき——ベイトソンのイルカ

さて話を前に進めるまえに、新しさとは何かという問題を検討しておきたいと思う。とはいえ、これを明言することは簡単ではない。ある作家にとって新しい試みが、社会や美術史にとっては使い古された表現である可能性はあるし、そもそも新しさと美しさとは同義ではない。しかし、新しいことは常に求められ、それ自体が価値を形成しているとも言える。私の考えでは、新しさとは、単に見たことのないものという以上に創発的な、すなわちそのシステムの部分に還元できないような内的ダイナミクスの結晶として現れる。だからこそ人は新しさに感動するのだ。ここでは一つのエピソードを切り口に、私が目する創発的な新しさについての形式的問題に触れておきたい。

グレゴリー・ベイトソン（1904-1980）は、ハワイで観察したイルカと調教師の実験における学習の飛躍を逸話のように語っている。[4] ベイトソンは学習を論理階型（rogical type）のヒエラルキーのなかで思考してみせたが、学習では論理的カテゴリーを飛躍する一種の創発がおきると説いた。ベイトソンが観察したイルカは、芸を披露すればエサがもらえるという道具的条件づけによって「調教師の笛がなればエサがもらえる」「笛が鳴ったときに自分がしていた技を、あとで再演するとエサがもらえる」と訓練されていた。このセットによって〈調教師が笛で指示した動きをもう一回、観客のまえで披露せよ〉というコミュニケーションが成立しており、イルカショーは実現していた。ただし、イルカショーの公演が一回目、二回目、三回目と続くなかで、イルカが前回に笛の鳴った技をやってみせても、調教師はエサを与えない。調教師は先の公演と別の技を

［4］
グレゴリー・ベイトソン／佐藤良明訳『精神と自然——生きた世界の認識論』思索社、２００６年、１６５〜１６８頁

行わせるために、二回目の公演では一回目と異なる顕著な動きを見出して笛を鳴らし、エサを与えるのだ。たとえば、尾びれで水槽を打つ、というような普段はイルカの不満の表現として見られる動きに、エサを与え強化する。ところが三回目では、先ほどの尾びれの壁打ちでも笛はならない。このように、学習されたコンテクストのフレームの反復と差異化を繰り返しているうちに、ついにイルカは〈公演ごとに何か新しい動作を行え〉という一段抽象度の高いコンテクストを学習したのである。複数回の公演における差異が、メタレベルのパターンを形成し、〈新しいものを生み出せ〉という学習の飛躍をもたらしたのだ。

さてベイトソンが仕掛けた実験のセットでは、この学習の飛躍をより綿密に記録するためタイムスケジュールを管理しながら、別のイルカにたいして同様のコンテクストを用意した。〈先にエサをもらえた技と異なる動作をせよ〉。この実験では普段とは異なり、連続して芸をさせ、すぐ前の試技で見せたものと違う新しい動き（技）を披露しなければエサをもらえないというコンテクストが導入された。

当初イルカはこのコンテクストを知る由もなく、その状況に晒され、笛の指示にたいして14回も同じ動きをして、エサをもらうことができなかった。しかし、15回目の試技を行うまえに何かに気づいた様子でとても嬉しそうな様子を体で示したのである。そして15回目に突如として、入念に8つの演技やってみせたのであった（！）。しかも、この種のイルカでは初めて観察された新技が4つも含まれていた。このときイルカはメタレベルのコンテクスト〈新しい技を披露せよ〉の学習レベルに飛躍したのである。この飛躍は、学習における〈刺激─反応─強化〉パターンの内的ダイナミクスが織り成す創発現象といえるだろう。また、学習のヒエラルキー内に行動が収まらず、各レベルの間の関係を行き来し、橋渡しするカテゴリーの学習として、ベイトソンが上げているのが「芸術」でもある。私たちが社会や美術史のなかで育んできたルールやコンテクストを、ときに破り、鮮やかに飛躍してみせるとき、新しさという感触は広く共感される。

コンピュータプログラムが、コンテクストを破るような機能的性格を帯びるとしたらどのような構成がありうるだろうか？　ベイトソンはこれについても論理階型を参照しながら形式的に議論している。[5]　ベイトソンはパロアルトの退役軍人病院に民族史家として勤務し、１９５２年から１９６２年までの10年の間に分裂症のコミュニケーションに関するプロジェクトを行っていた。そのときノーバート・ウィーナーが、ベイトソンにこう問うたという。

「もし彼がエンジニアで、顧客のわたしが彼に、分裂症とみなせるような機械を作らせたかったら、どういう特性を組み込むように注文をつけるか」

ベイトソンはそのウィーナーのアイデアを検討し、想像上の音声作動機械をひとつ考えだした。

「一種の電話交換器みたいなもので、加入者三四八番につないでくれというと三四八番につなぐんだが、相手と話しているうちにデトロイト積み込み渡しで豚を二四七頭送れなんて頼んだりすると、機械は最初の加入者との通話を切って二四七番につないでしまう。数の使い方、つまり数の論理階型 logical types を取りちがえるわけだな。それで、もしその機械が百パーセント規則的にではなく不規則にそういうことをやったら、それを分裂症の機械と呼ん

[5]
グレゴリー・ベイトソン＋メアリー・キャサリン・ベイトソン／星川淳＋吉福伸逸訳『天使のおそれ——聖なるもののエピステモロジー』青土社、１９８８年、２２０〜２２２頁

でかまうまい」

ベイトソンの答えは、あるメッセージ（ここでは数字）の論理階型をランダムに取り違えてしまう学習機械、という発想であった。では逆に、学習機械に分裂症の症状を起こさせるには？　それには、メッセージの論理階型分類 logical typing を正しく実行できたからという理由で、ときどき気まぐれに罰を与えるのだという。論理的に正しい答えを出すと、ときに罰せられる。将棋ソフトで言えば、対局棋士の持ち時間や手を打つまでの所要時間に応じて、盤面における指し手配列の評価関数を変動させるようなものだろうか。あるいは対局棋士が身につけている金銀のアクセサリーに反応して、金と銀の駒の評価関数を変動させる。動揺し、洒落も分かるソフトだ。

言うまでもなく、論理的に正しいことで罰せられるような病理は、社会実態に根を張っている。ダブルバインディングな状況が世の常態であるからこそ、新しさ――コンテクストを打ち破る意外な答えを出す――が価値を持ちうるとも言えるだろう。プログラムには、罰や新しさを価値付けするような知性が未だ宿っていない。プログラムが自己パターンを創出することと、コードとムードの不条理に織り込まれた環境における生存とを、密接に結びつけることは可能だろうか。それが可能になったとき、新しさが意味を持ち始めるように思われる。では、プログラムの生存とは何か。これを考えるうえで重要なのが質料性である。

質料とプロセスの連動、そして手順——郡司のモデル

人工知能や表象主義のロボット工学は、フレーム問題に直面し、プログラムのみによって思考過程を書こうとする試みを座礁させた。これによって、実際の環境内で動くプログラムの身体や質料を見直す考え方が前景化してきたのである。郡司ペギオ－幸夫は、意識のマテリアルについて議論し、質料性によって進化するロボットを思考題材にあげている。[6] ここで郡司がいう質料性とは、「内・外」「プログラム・リアル」といった区別を生成し、他方その質料に潜在する機能が自らの区別を無効にするようなものとして提起されている。

たとえば、生物の内外を区分するインターフェイス、その質料として「歯」をあげている。歯は、発達の段階で噛めるもの／噛めないものを弁別しつつ、普段は透明化して意識されない。だからこそ噛むことができる。けれど、ときに義歯や矯正にともなう痛みによって、歯の質料性は再発見されるというわけだ。そして義歯によって代替された歯は、次第に順化して自他の区別を拡張する。これを線描に当てはめるとすると、描画における質料性は鉛筆の芯先や筆の穂先ということになる。脳内の描画思考と画面の状況という区分を生成しつつ、線を自在に成すという機能によって、区分を透明化している。しかし、ときに摩耗によって鉛筆や筆の質料性が顕現するのである。質料の摩耗によって中断した描画というプログラムは、ときに新しい局面へと流れてゆく。

ではロボットが質料性によって進化するとは、どのようなシナリオか。郡司が思考実験で仮想するロボットは、電源を探索する簡単なプログラムで動くものだ。電源は、ロボットの生存に帰する要素である。そのロボットは、二本の電源ケーブルプラグを備えており、片方を部屋のコン

[6] 郡司ペギオ－幸夫『生きていることの科学——生命・意識のマテリアル』講談社現代新書、2006年

セントに指し、もう一方で別の差し込み口を探索する。新しいコンセントにプラグを差して通電が確認できたら、他方を抜いてまた次のコンセントを探す。これでこのロボットは、ケーブルの届く範囲を動き回って電源を探し続けることができる。このロボット・プログラムとリアルを区分するのが「プラグ」と「コンセント」の質料性である。

プラグとコンセントには、いろんな形状や、電源供給が不安定なもの、接触不良のものもある。また、そのロボットの周囲の環境にはいくつか通電していない延長コードが置いてあるとしよう。その一本に、自らのプラグを指してみる。もちろん電気はこない。偶然そのとき、電源を供給しているもう一方のコンセントが接触不良になり、一時的に電気が停まってしまったとしよう。ロボットの電源は落ち、プログラムの姿勢制御が停まり、体勢がくずれるかもしれない。その後、再び通電が復帰して、ロボットが再起動したとき、想定外のことが起きる可能性もあるだろう。たとえば、もしロボットのカメラアイが再起動時に、延長コードのプラグを自身のケーブルプラグと誤って識別してしまったら？　自らのケーブルが、延長コードにつながれて長くなっている。つまりロボットは期せずして、行動範囲を拡張することに成功したことになるのである。このようにプログラムとリアルの区分を前提に、その媒介項である質料性を、進化や発達のメカニズムの端緒と考えることができると郡司は言うのだ。

この思考実験は、冒頭で述べた「忘れる」というはたらきにも通じるものがある。尿意や眠気といった身体の質料性によって、読書というプログラムが中断され、再始動するときリアルに何がおきるか。生活の中ではたんなるエラーや気まぐれで終わることも、制作のなかでは新しさの萌芽となることがある。筆者は、自作の迷路描きに新たなパターンが出来する過程を研究したことがあるが、そのさいも重要な要素であったのが質料性であった。[7] まるまった鉛筆を削り直すこと、絵具が混じって濁った筆を洗うこと、描画のなかでほとんど無自覚にそして幾度となく行っているこの行為が、その頻度やタイミングによって、描画というプログラム（こんな絵を描こう／描いている）の局面や手順を緩やかに変えてゆくことが、私の研究では観察できた。新しいパターンが生まれるときとは、そのような場面にある。それは新しいものをつくろうという意志よりも、内的ダイナミクスから自ずと創発する事象を〈新しさ〉と感ずる考え方にも依っている。質料性は、プロセスに切れ目を入れ、プログラムの頑健性をいくばくか損なう代わりに、ときにその後続する現実を新たな局面へと導く契機となるのだ。

これはおそらく絵を描くという行為だけにおさまらないだろう。さまざまな媒体に、それ特有の質料性が働いている。システムのなかで、プログラムを実現している媒体と、その中断を促す質料性を明らかにすることができれば、さらなる新しさを生み出す工夫の余地はある。制作プロセスのなかでいえば、鉛筆を削り直すような契機を見定め、その頻度を加減することが、新たな創造性へと至る質料的アプローチと筆者は考えている。絵を描くとき、もし鉛筆が軟らかすぎれば、まだいくらも描かないうちに頻繁に削り直さなければならないし、もし硬すぎれば、プログラムは長く実行できるがプロセスに変化は起きづらい。このプログラムと質料のバランスが、制作システムに合致しているか否か、そうした観点で適正な描画材を選ぶことが求められる。新たな素材を選ぶ場合も、プログラムと質料のバランスを動かすような選択をすること（色の好みや美しさ以上に、行為をめぐった質料の堅固さや不安定性に着目する）がシステミックな素材選択の考え方になる。

郡司はまた、セルオートマトンにも手順の組み替えと呼べるような概念を導入して、モデルに

[7] 村山悟郎「創発する絵画」『東京藝術大学 美術研究科 博士論文』、２０１５年

実装している。彼が非同期時間と呼ぶ概念は[8]、システムの頑健性とプログラムコードの不定性を調停する重要な考え方だ。詳細な議論は筆者による別稿も併せて参照していただきたい[9]。セルオートマトンは、コンピュータ・シミュレーションにおいて多様なパターンを生成することができる抽象的な計算モデルだ。貝殻模様のように自然界の生物にみられる生体パターン、オートポイエーシスの細胞膜形成運動、広大な宇宙を想わせる生きた世界のライフゲーム、仮想の生命体を構想する人工生命の研究など、コンピュータを用いた科学哲学の主要な道具立てとしてフォン・ノイマンの時代から発展をつづけている。ここでは、セルオートマトンに手順の組み替えを実装する手法についてやや比喩的に語ってみることにしよう。

セルオートマトンと、郡司の非同期時間。さて、ではまず座席が無限に広がる映画館をイメージしてもらいたい。座席はマス目状に並び、最前列から順に観客が座ってゆく。一列目が埋まったら、二列目の客が入場してゆく。あなたは観客だ。チケットに記された座席番号に腰掛けるのだが、実は一つ入場口で渡されているものがある。小学校の運動帽のように、リバーシブルで表裏が白黒の帽子だ。前列に既に座っている人の頭を見ると、黒や白の帽子が並んでいるのが見えるだろう。席に座るとき、あなたはその配列を見て、白と黒のいずれかを決め帽子をかぶらなければならない。チケットの裏には帽子の配列対応表が記してあり、左前の席・前の席・右前の席の三者の白黒の配列〈白白白／白白黒／白黒黒……〉に応じて、あなた自身が帽子を何色にすべきか示してある。「もし白黒白ならば、あなたは黒」というように。そして帽子の色を決めて席につく。見上げると、座席を俯瞰して見下ろすようにカメラがあり、その映像がスクリーンに映し出されている。画面をじっと見ていると、観客が列を埋めてゆくごとに、徐々に徐々にパター

[8]　郡司ペギオ‐幸夫『いきものとなまものの哲学』青土社、２０１４年

[9]　村山悟郎「オートポイエーシスと内部観測、そして制作論へ」『E!』９号、エウレカ・プロジェクト、２０１６年、57～90頁

ンが現れてくるのだ。

セルオートマトンでは、このような仕組みのなかで多様なパターンや、計算万能性を持ちうる規則をいかに構想するかが問われる。帽子の色数のことを状態数といい、前列の何人の配列を見て自分の状態を決めるかを近傍の値という。そして、こうした規則が裏書きされたチケットを観客全員が持っていることを、科学では決定論的というわけだ。郡司は、いわばこの観客の座り順に着目して発想の転換を行ったのである。それが時間の非同期性である。

この映画館の比喩の冒頭、前列が埋まったら次の列の客が座ると述べた。しかし、列のなかで席に座る順番までは指定しなかった。実際の映画館では、トイレに行く人、売店でポップコーンを買う人、そしてカップルで同時に席につく人など様々だろう。ではそのような座り順に応じて、自分の帽子の色を決めるために見渡す範囲を変えるとしたら？　自分の隣りに既に座っている人がいるときと、誰も隣りに座っていないときとで、参照する近傍の値が変わる。状況に応じて気遣う範囲を変える人間にとっては当たり前のようなこの規則を、プログラムに埋め込んだらどのような変化が見られるだろうか。

この座る順番のような変数は、それまでのセルオートマトンでは潜在的であり、パターンに関係づけられてこなかった。このように郡司の非同期時間とは、プログラムが動くなかでそれぞれのエージェントが時間的に同期せずに振る舞うシステムなのである。実際にこのシミュレーションの結果は興味深いもので、「ＣＬＡＳＳ４」と呼ばれる特別なパターンを多く生み出すことがわかっている。ＣＬＡＳＳ４は、ステファン・ウルフラムが発見した稀なパターンで[10]、継続的に発展しつづけるパターンが必ずいくつか生成され、それらが斜めに動いて相互に衝突し合い、複

[10] Stephen Wolfram "*A New Kind of Science*" Wolfram Media Inc(2002)

雑に振る舞って無限に収束することがなく、ある種の計算万能性（チューリングマシン）もそなえている。コンピュータの決定論的で局所的な、しかも単純なルールのなかに、生命現象に近似したパターンをシミュレートできた特筆すべき例である。

郡司はCLASS4を評して「パタンとカオスを共存させる複雑さを持ち、かつ知能を有したシステムであり、抽象的な生命のメタファーである」と述べている。もともとごく稀にしか見られなかったCLASS4だが、郡司が非同期時間で実装したシステムでは、得られる結果の3分の1を占めるほどにCLASS4を多く生成することができた。そもそも決定論的システムであるセルオートマトンは、シミュレーション上は有効なものであるが、たった一つのノイズでも加わるとパターンが崩壊してしまうような脆弱性を持っており、現実の環境のなかで生命現象を構成するという課題においては困難があった。

しかし、この郡司のシステムでは、頑健にCLASS4が実装できており、その意味でも評価できるだろう。決定論的なシステムにおいても、順序という変数をシステムに組み込むことが、生成するパターンの多様性や頑健性に大きな影響を与えることが示されている。非同期時間を改めて考えてみると、行為の順序によって見える情景が定まり、それによって注意の向く範囲や行為選択のコンテクストが変わるというシステムは、人間の行動に広く見られる振る舞いだろう。

では次に、私がこの非同期時間を参照しながら手順自体の組み替えをシステムに組み込んだドローイングについて述べたいと思う。

手描きのセルオートマトン

コンピュータがまだ実用化される以前、ノイマンは方眼紙に手描きでセルオートマトンを考案した。とはいえ元々は手描きに意味があるというわけではない。セルオートマトンは膨大な計算処理を高速で実行できるようになってから、全てコンピュータプログラムによってシミュレートされている。では現在、手でセルオートマトンを描くことにどのような意味があるのか？　それは端的にいえば、人の制作と機械の思考形態にどのような差異や特性があるかを感取するためである。将棋ソフトと棋士との違いは何かと問うことが、人間をより人間にするように。また将棋ソフトと共に訓練を積むことで、新しい棋譜を生み出すように。これまで述べてきたように、人の制作には、質料をともなった手順の組み替えがおきる。これが豊かな多様性や新しさを生み出すカギの一つなのではないか、そう考えている。郡司の非同期時間のセルオートマトンがＣＬＡＳＳ４の発現頻度を高めたように、人間の制作を豊かにするのは、順序の自在さとプログラムの厳密さの共存かもしれない。

私はウルフラムの1次元セルオートマトン（以下ＣＡ）を基にして、モザイク状のパターンドローイングを独自に考案した。３色の色鉛筆で描画する。構成子（cell）は「△」形をしており、状態数３（state）近傍の値２（neighbor）の一次元ＣＡである【カラー口絵：図Ｉ】。

二つの近傍セルの末端と末端の結節点の色配置を参照して、次のセルの状態を決定する局所的なルールを持ち、列ごとに時間発展する。人の手で描画するので、色の描き間違いなど、セルの状態を誤るエラーも含んでいる。エラー無く進行すれば逆三角のフラクタル図形が現われる【カラー口絵：図2】。

筆者はこれまで、手描きによるCAをもちいて、制作をおこなってきた。[11] 手描きのCAの場合、プログラムと大きく違う点の一つは、セルを一つずつ描きすすめてゆかなければならないことだ。つまり、どのセルから行に描きいれてゆくか任意に選択しなければならない。換言すれば、行為者の判断（どのセルを先行して描くか）は規則に現れないかたちで潜在している。映画館の客がどのような順序で席につくかというような問題が、手描きには否応なく関わっているのだ。プログラムの手続きを見本とするならば、郡司の言うような非同期性を制作のなかで抑制しなければならないし、実際にこれまで手順はパターン生成に関係づけてこなかった。だが、手順をCAの規則に反映するかたちで構成すれば、より人の制作行為に寄り添ったパターン生成が実行できるはずである【カラー口絵：図3】。

セルを敷き詰めるように描いてゆくとき、手に色鉛筆を三色持ち、そこから一本を選び取る。最初に手に取った鉛筆がグリーンならば、まずはグリーンに状態をとるであろうセルを探す。前列のセル配置から、グリーンになるべきセルの位置を先んじて占めてゆく。それが済んだら、つぎはイエローかパープルだ。既に隣りにグリーンが描かれている箇所は、その参照近傍が前列のセルから左隣／右隣いずれかのセルに変わる。映画館に入って座席につくとき、隣りの客が既に座っている場合は、前列を無視し、両隣の色配置によって自らのかぶる帽子の色を決める。そんな要領だ。

このセルの描画時間の非同期性は、人が手描きで実行するCAでもその特性を発揮し、描画者の個体性のあるパターンを生み出す、優れた概念だろう。この色の選択と手順には、描く人によっ

[11] 村山悟郎「カップリングの経験化」『東京藝術大学美術学部論叢』第10号、2014年、29～40頁

て癖があり、几帳面に描き埋めてゆく人、頻繁に色鉛筆を取り替える人など多様である。また鉛筆を削るタイミングや手の疲れやすさといった質料性も、行為選択と手順の組み替えに関与している。本論の冒頭で述べた、忘れるはたらきが、パターンにゆらぎをもたらすのだ。また、ここで与えたフラクタルを生み出す規則に時間の非同期性を導入した場合、色選択を偏ってゆくと、パターン自体が一様な状態（全ての空間が一様に埋め尽くされる）へと死滅する危険性を孕んでいる。つまり、制作によって自らの癖がパターンとして顕現したのち、生存を賭けて矯正するように働くプロセスであることがわかる。このような自己修正的な振る舞いもまた、人間的だと言えるだろう【カラー口絵：図4】。

ところで、人の振る舞いは常に近傍を参照しつづけるわけではない。より広い視野で知識を吸収しようというモードもあれば、自らの仕事場にこもって制作に没頭するモードもある。周囲の環境とのカップリングのモードを、生物とくに人はいくつも切り替えながら生きているはずである。これは意識の経済性から考えても必然だろう。池上高志も「自律的カップリング」と呼ぶ機構について議論している。[12] これは自らの内部状態によってカップリングをオン／オフするシステムで、環境情報のセンサー入力のタイミングを自ら決めることができる。興味深いのはこの「自律的カップリング」をうまく調整することによってむしろ環境内でのシステムの周期的で規則的な運動が成立していることだ。人の描画の場合も、カップリングの参照領域を広げたり狭めたりするような心の働きによって、パターンの安定性が得られているのかもしれない。そこで、列にたいするセルの描き入れについて時間の同期／非同期を任意に切り替える、そのようなプロセスを用いたドローイングも行った【カラー口絵：図5】。

[12] 池上高志『動きが生命をつくる』青土社、２００７年

この描画作業は、非常に根気のいる作業だ。大きな紙であれば毎日数時間も描いて、2〜3週間はかかる。コンピュータ・シミュレートであれば、あらゆる規則を与えて、パターンのヴァリエーションを調べ上げてゆくことになるが、手描きの場合はそうはいかない。新しく与えた描画の自由度が画面に何をもたらしてくれるか、つねに期待しながら有限の時間のなかで作業をつづけている(もちろんだからといって規則を破るということはないが)。それはベイトソンのイルカのように、設定されたコンテクストのなかに準じることと、その内的ダイナミクスの創発によって新たな局面に至ること、その両面を備えたあの実験と似ているようにも思う。

私は作業を進めてゆくなかで、どのような手順や同期の切り替えタイミングであればパターンは豊かになるか、と次第に腐心するようになっていった。根気と飽きの狭間で、制作は綱渡りを続けるのだ。カオス的なパターンを局在させながら、色塊を増減させてゆく本作の描像には、そのような経験が内包されている。人が半ば無自覚に行っている行為選択の順序に、どのような創造性が埋まっているのか、それを今後もこのドローイングで測ってゆきたいと考えている。同じ規則で別の人物に制作してもらい、どのようなパターンの変化が見られるか見定めようと思う。同じ手順の組み替えによる創発については、他にも私の代表作である織物絵画において経験されたものがある。[13]

織物絵画は、一本の麻紐からアルゴリズミックに紐を継ぎ、縦糸と横糸を分岐させながらカンバスを織り、そこに膠と絵画用の下地を加え、上からパターンドローイングをほどこす、というプロセスを持っている。これを連綿と続けながら、次第に作品構造が成長していく。いわば植物のようなツリー構造を持っており、カンバスの描画領域も枝状に分岐してゆく。さきに生成した

[13]
村山悟郎「オートポイエーシスと内部観測、そして制作論へ」『E!』9号、エウレカ・プロジェクト、2016年、57〜90頁

要素に触発されながら、つぎなる要素を紡ぎ出す自己組織的な制作プロセスを、作品構造として実現している。長期的に持続する制作のさなかで、潜在していた諸変数が新たに発見的に獲得されることによって、展開可能性がひらかれてきた。

２００９年から発表を続ける本作では、近年ますます作品の空間構造は複雑化してきている。布を織り広げてゆくとき、ツリー構造の枝を伸ばしながら、一定の分岐則のなかで枝の数は増えてゆく。過剰に増えた枝がある種の臨界に達すると、それぞれの空間を占め合うようになる。すると「どの枝から織るか？」という行為選択が、制作のなかで新たに意味をもった変数として出現してくる。これを活用して、カンバスの平面は、分岐しながら多層化する２・５次元の多様な空間へとメタモルフォーゼした。ここでも思わぬエラーや質料性が、手順の組み替えを導き、そこから新たな創造性が引き出されたのである。現在、この織物絵画のカンバスの生成プロセスを、コンピュータプログラムでシミュレートする実験を始めたところだ【カラー口絵：図６・７】。

結語

創造性は手順のなかに宿る。そう言ってみたとき、創造性について言い尽くせていないような感触は残る。それは、ＡＩは知性である、と言ったときの所在なさと近いかもしれない。しかし、私たちが普段は無自覚に行っている手順の組み替えが、創造性の一助になっていることは示せたのではないだろうか。

身体や質料を媒介して、観念的に組織化された行為の束を分断させ、新たな局面をつくる。アーティストに限らず、制作（ポイエーシス）を広い概念として捉える全ての人々にとって、この手順に宿る創造性は、コンピュータサイエンス興隆の現代において特に重要な概念となるだろう。クレーの時代から、画家にとっては多様な手順の組み替えが、作品の展開力を養い、美術の形式的主題を導く手法であった。自己組織化やオートポイエーシス、あるいは人工生命やＡＩといった科学的思考題材が、人間の心や行為を問い直したことによって、制作という概念のプロセス的な読み解きと再組織化は、ますます深まってゆく。ベイトソンが、情報理論黎明期に普遍的な論理形式のなかで学習の概念を定式化してみせたように、私たちの生はシステミックな特性として理解されるはずだ。ウルフラムのセルオートマトンのＣＬＡＳＳ４と、それを発展させた郡司の非同期時間は、大袈裟ではなく生きた時間と空間を構成する機械だ。

このような知の拡張が切り拓く私たちの世界への感受性は、因果関係などよりもいっそう緻密で膨大な作用の束と、時間的な速さ・遅さ・同期化などが織り成す豊潤な世界へと向かっている。そうしたなかで、改めて手順の組み替えという概念に焦点を当てることは、ＡＩが実行しないような一見すると不合理なプロセス、しかし身体と質料をそなえた人間特有の回路を活用しようという、創造的な目論見なのである。

◆**村山悟郎**（むらやま・ごろう）
http://goromurayama.com/

１９８３年、東京生まれ。アーティスト。博士（美術）。東京芸術大学油画専攻／武蔵野美術大学油絵学科にて非常勤講師。自己組織的なプロセスやパターンを、絵画やドローイングをとおして表現している。

２０１０年、チェルシーカレッジ、ＭＡファインアートコース（交換留学）。２０１５年、東京芸術大学美術研究科博士後期課程美術専攻油画（壁画）研究領域修了。２０１５～17年、文化庁新進芸術家海外研修員としてウィーンにて滞在制作（ウィーン大学間文化哲学研究室客員研究員）。

主な展覧会に、

- 個展「Emergence of Order」大和日英ジャパンハウス、ロンドン（２０１８）
- “CANCER”「THE MECHANISM OF RESEMBLING」EUKARYOTE、東京（２０１８）
- 個展「座って見るために、画像を解除する」G/P Gallery（２０１７）
- 個展「シミュレーショナル・ポイエーシス」Spektakel、ウィーン（２０１６）
- 個展「監獄のファンタジー」小金井アートスポット シャトー２Ｆ（２０１５）
- 「東京芸術大学 大学院美術研究科 博士審査展」東京芸術大学美術館（２０１４）
- 「生成のヴィジュアル―触発のつらなり」Takuro Someya Contemporary Art, Kashiwa（２０１３）
- 「VOCA展 2013 現代美術の展望―新しい平面の作家たち」上野の森美術館（２０１３）
- 個展「成層圏 vol.6 私のゆくえ 村山悟郎」ギャラリーαＭ（２０１１）
- 「TRANS COMPLEX―情報技術時代の絵画」京都芸術センター（２０１１）
- 個展「第４回 shiseido art egg・絵画的主体の再魔術化」資生堂ギャラリー（２０１０）
- 「MOTコレクション・MOTで見る夢」東京都現代美術館（２００９）

などがある。

第4章

道具

〈ポスト・ヒューマン〉以後

オワコン時代の人間と機械

稲垣 諭

本章の論点

高度な機械の出現の手前に、霊長類に始まる道具の使用や、ホモ・サピエンスからはっきりと際立ってくる道具の制作がある。道具の使用とともに、道具使用のオペレーションに人間そのものも巻き込まれていく。そのことによって人間の身体も再編され、それどころか認識さえ組み換えられていく。認識とは道具使用の末端に出現した副産物のことでもある。ことに道具使用にともなう、使用するものと使用されるものの区分が、支配制御するものと奴隷となるものの区分へと再編されていく。しかも主体的に使用すると感じているものも、使用のネットワークではそれを支える一コマに組み込まれていく。道具使用の現段階が、ＡＩであり情報ネットワークである。

「道具のうちには、生命のないものと生命のあるものとがある」[1]

——アリストテレス『政治学』

[1]『新版　アリストテレス全集　第17巻 政治学　家政論』内山勝利・神崎繁・中畑正志編集、神崎繁・相澤康隆・瀬口昌久訳、岩波書店、2018年

「機械になりたいと思います。例の青年が、過労死が一つの理想だと言っていました。私もそう思います。おそらく、折り合いをつけることに限界を感じているのです。他人は簡単には変えられない、変数的な他人より、多少は認知可能な自分自身を殺して、機械のように生きる方が楽なのです。それが、ある意味幸せなんだと思います」

「私は機械になりたい」

これはあるときSNSを通じて送られてきた匿名の声である。いつしかYouTuberを差し置いて機械が、将来なりたいものランキングの上位に現れる未来を想定できるだろうか。70年代に『銀河鉄道999』で描かれていた機械になりたいというこの欲望はどこから生まれてきたのか。もはや押し黙ったまま静謐な世界を生きる貝になりたいのではない。「機械／マシーン」になりたいのである。それはかつても今も人間の「道具」であり、「技術（テクノロジー）」の産物であり、装置である。その限りで徹底的に人間の「手段」として、それによって実現される「目的」という次元には辿り着けないはずのものであった。

「ポスト・ヒューマン」と言われてすでに久しい。「人間–以後」の時代だと。この語はとりわけ人工知能の第三次ブームとともに頻繁に語られており、そこには人間は何か得体のしれぬもの

の後塵を拝しているという恐れがある。とはいえ、この恐れとそれへと生成したい欲望とはちょうど表裏の関係にあり、どちらもがいまだあまりに「人間的」である。機械になりたいという欲望は倒錯しているだけなのか。こうした問題意識から、テクノロジー、機械、ＡＩ時代の人間について考えてみたい。

技術の中の人間の位置

目の前に一匹のサルがいる。腹を空かせ牙をむき出しにしている。このサルと素手で戦い、息の根を止められる現代人はどれほどいるだろうか。たかがサルとはいえ、身体能力や攻撃力は人間よりもはるかに高い。走力も腕力も泳力も動物たちは圧倒的な強さを誇る。

それなのに人間は、自分が動物よりも格下だとは微塵も思わない。彼らに負けているとは、決して考えない。伝統的には、それが神名のもとに配置されたヒエラルキー最上部に位置する人間の自負であり、胡乱な瞳の動物たちに対峙する知性の勝利である。われらはあれら動物ではないと。

現に私たちは、動物から身を守るためにテクノロジーを用いて武器や罠を作り、都市を建築することで彼らを駆逐し、捕獲し、管理してきた。たとえ走力で負けても、車があれば彼らより早く目的地に到達できる。食物の多くは狩猟採集をしなくても、農業と家畜で賄える。さらに檻を作り、動物種ごとに並べれば、彼らの優れた能力を鑑賞する動物園も作れる。安全な場所から、人間では到底かなわない能力の見事さを感嘆を漏らしながら味わうのだ。

カントの「崇高」の感情にも含まれるこの倒錯めいた陶酔は、圧倒的な力や能力を制御下に置くことへの陶酔でもある。これを炙り出すために少々凝った動物園では、「最も危険な動物とは何か」という案内表示とともに鑑賞者の顔が映る鏡が設置してある檻さえある。そしてそれを鑑賞する人間は、ふふと軽く笑って日々の暮らしに戻る。

テクノロジーは、人間の手段としての道具を産み、装置を産み、機械を産み出してきた。それぞれは社会化し、ネットワーク化し、汎化されていく。あらゆる場面にテクノロジーとその産物が浸透し、この浸透の網目を隅々まで知悉する人間はもはやいない。地球上には、全ての機械の操作に精通するものはただの一人も存在しないのだ。D・ノーマンがいう「技術のパラドクス」[2]はテクノロジーが便利で透明になればなるほど、人間の理解が追いつかず、人間自身が疎外されてしまうことを意味していた。多くの高齢者にとってスマホはすでにモンスターである。

学問のように細分化し、専門化したことが問題なのではない。そんなものは一定水準以上の生活と知識欲が満たされた上で、専門家同士の共通言語が見つからないと嘆くお気楽な話である。それに対して機械の問題は、私たちが現に生きている生活世界が、誰も理解できない無数の技術の浸透によってしか成立しないことにある。人間とは、ヘルダーが述べていたように技術なしには「欠陥生物」である。

地震や台風といった自然災害でテクノロジーが麻痺する場面を思い起こせばよい。薄暗い部屋を照らす蠟燭ですら、技術の産物である。私たち人間の生活は徹底的に技術化され、機械化されている。それが目に見える仕方で身体内部に及んでいないだけで人間はすでに技術の制御下に置かれている。この「制御下」という意味合いは、人間の生活の質が道具、装置、機械がうまく作動するかどうかにかかっているということだ。機械技術の機嫌とりは、もはや人間の債務である。

[2] Donald Norman, The Design of Everyday Things, The MIT Press, 1988.

ここで、パラリンピック競技での義足の使用について考えてみてほしい。義足のバネの性能はますます向上していく。どのような素材、形状、厚みが最もパフォーマンスを発揮しやすいかが計測され、製品化される。この義足は人間の身体の延長上に組み込まれており、いずれパラリンピック選手がオリンピック選手の記録を超える可能性さえ出てくる。こうした人間のテクノロジー化、機械化は、パーキンソン病のための脳内への深部刺激装置や人工心臓の埋め込みと同様に分かりやすい。

しかし他方で、義足でなくても、選手の運動靴、水着といった各種ウェアーにもテクノロジーは編み込まれ、さらにはマラソンの高地トレーニング等では現地入りするのに飛行機や車といった機械を駆使した上で特訓が行われている。生身の身体能力を競い合うという競技はもはや何を競っているのか。薬剤によるドーピングが許されないのは、身体という生物学的な組成をエンハンスすることへの禁忌だろうが、現状でも、各人の身体に技術が関与した総量とコストを計測してみなければ、公平な競技など成立しない。これは人間の技術化や機械化という現実の片鱗を浮き彫りにするための事実確認である。人間対機械という図式はすでにして成立していない。荒川修作の用語を借りれば、私たちは最初から「有機体―人間―機械（organisms that person and machine）」であり、「有機体―機械―人間（organisms that machine and person）」[3]なのである。

人間＝オワコン説

こうした背景のもとに「技術批判論」が生まれてくる。20世紀の思想家であるフッサールやハ

[3] 荒川修作＋マドリン・ギンズ『建築する身体――人間を超えていくために』河本英夫訳、春秋社、２００４年

イデガー、メルロ＝ポンティ、ベンヤミン、ドゥルーズ、その他大勢が、彼らが生き抜いた時代の科学技術が孕む危機を感じ取り、それを表明してきた。

にもかかわらず、この批判それ自体が技術を通じてのみ生産されるのが複製技術の時代である。技術や機械に対する恐れや不安の表明はペンと紙、ワープロや印刷、ウェブといったテクノロジーを用いてしか行えない。ハイデガーが言語についての批判は言語を用いざるをえないと解釈学的な循環を指摘したが、技術もそれと同じ循環にある。いや、同じではない、深度はより深い。技術的なインフラが崩壊した世界では、言語についての思索や技術批判どころではなく、それらはテクノロジーの安定的作動を土台にしている。

しかもそうした危機の表明が、批判に値する何らかの効果を発揮し、その危機を押しとどめることに寄与したのかさえよく分からない。批判そのものが危機の空気をまとった時代とテクノロジーの中で行われる以上、その表明によって、あるいはそれとは独立に時代とテクノロジーはおのずと軌道修正し、危機や問題を解消するよう動き出してしまう。そのため技術批判書の多くは、いつまでも色あせずに妥当するように見えると同時に、予期されたカタストロフには決して陥らないという構図になる。

例えば『衣服の哲学』[4]を著したトマス・カーライルはおよそ2世紀前の1829年に「もし今の時代の特徴をひとつの形容詞で言い表せと言われたら、それは『英雄的』でも『敬虔な』でも『哲学の』でも『道徳の』でもなく、他の何にもまして『機械の時代』[5]であり、『人間』は手だけでなく、頭と心も機械化されてしまった」と断定していた。機械の時代も、人間の機械化もおそらくどちらも継続中だが、それがどう深刻になったのかはよく分からない。こうした意味にお

[4]
『カーライル選集1　衣服の哲学』宇山直亮訳、日本教文社、2014年（デジタル・オンデマンド版）

[5]
ブルース・マズリッシュ『第四の境界——人間－機械進化論』吉岡洋訳、ジャストシステム、1996年

いて技術批判は、そもそも一体何をすることなのかが改めて問われるべき課題となる。

ユダヤ人であり、フッサールのもとで現象学を研究してもいたギュンター・アンダースは、1950年代に技術の圧倒的な制御下にある人間という悲劇的存在を浮き彫りにしていた。彼は、人間がすでに「オワコン（終わったコンテンツ）」であると高らかに宣誓する。ここで留意すべきことは二つ、まずあらゆるものが製品化されるだけではなく、人間そのものでさえコンテンツ、消費財となったこと、さらにそのコンテンツさえもう用済み、時代遅れになったということである。

彼のいう「プロメテウス的羞恥」という20世紀の新しい感情が、人間のオワコン感を決定的にする。19世紀までの人間は、動物とは異なる自律的な存在としての自由を謳歌できていたのであり、この自負はテクノロジーの産物である装置や機械に対しても妥当すると考えられてきた。しかしと、アンダースはいう。実は今や自由であり、自在なのは、道具、装置、機械といった製品のほうであって融通が利かず、不恰好で不自由なのは人間になってしまったのだと。

「製品の世界を決定しているのは、確定した個々の物の総計ではなくて、新しい生産が日々新しい物を作り出していくひとつの過程である。製品世界は『確定され』ておらず、むしろ不定であり、開かれていて柔軟であり、日々作り変えられ、毎日の新しい状況に対応することができ、日々新しい課題に飛躍し、日々試行錯誤的に作り直され、別物となっていく」[6]

人間には、こんな自在に展開できる経験の仕組みがない。身体や脳が壊れたら部品を入れ替えるように簡単には修復しない。記憶や人格も、蓄積し、成熟すればするほど硬直し、リセットす

［6］
ギュンター・アンダース『時代遅れの人間 上下』青木隆嘉訳、法政大学出版会、2016年

ることを困難にする。「出来損ない」や「ポンコツ」という道具や機械の形容を人間が自らに適用するようになったとき、すでにこの逆転は始まっていた。

家電量販店できらびやかで多彩な電化製品に目を奪われるとき、iPhoneの箱をそっと開け、あの高貴さをまとった継ぎ目のない滑らかな物に出会う瞬間、スマホのアプリで顔面を加工し、自分の不細工さの現実を忘れるとき、私たちは道具や機械に自己を卑下しながら魅了されている。設計も需要予測もないまま超アナログで偶然的な生殖と生誕によって存在する人間という有機体の羞恥がここにある。

しかし、というかもしれない。道具や機械に憧れることなどありえない、それを作り出したのは人間なのだからと。その自負と、みずからが自由な存在だという誇りはとても根深い。だがどうなのか。新しい道具や機械をあなたはこれまで発案し、作り出したことがあるか。圧倒的大多数の人間たちは道具も機械も生み出さないまま死んでいく。ごく一部の人間だけがクリエイティヴィティの秘密を握っており、残りの凡庸な人類は与えられた道具や機械の恩恵にあずかるだけである。造られたのではなく、産み落とされたことの恥ずかしさである。

さらに言えば、その少数の人間が道具や機械を造っているのかもすでにして怪しい。例えばAppleとSamsungがスマホの新機種の製造を止める未来を考えられるか。新製品の発表後にはすでに膨大な人員と資本が次の製品の企画と製造のために動員させられている。誰が新たな機械を、装置を作り出すのか。すでにある機械技術が、次の機械を造るよう人間を強いているのであり、人間はもうその製造競争から降りることはできない。

ここには、「能動─受動」、「主体─客体」、「支配─従属」という二項的カテゴリーそのものを時代遅れのものにしようとする視点の転換がある。ここでの論理は、資本の自己組織的流動が、人間をおのずと疎外するというマルクス理論にも見られ、これと同様の論理を『サピエンス全史』[7]で一躍有名になったハラリも農耕開始後のホモ・サピエンスに関して用いている。

初期の農耕の出現は、狩猟採集のように短期間で成果を上げることはできないため、人類は作物を見守るために定住生活と長時間労働を余儀なくされる。腰に負担のかかる二足歩行に加え、人類はさらに農作業によって椎間板ヘルニアや関節炎といった多くの疾患を抱えることになる。つまり、事実としてより正確なのは、人類が小麦や米を栽培化したのではなく、むしろ農作物の方が人類を家畜化したということである。小麦や米といった植物は、人間に栽培させることでもはや淘汰されることも絶滅することもない。牛や豚だけではなく、人間の生活に入り込んだ猫や犬も、人間に機嫌取りをさせることで、逆に人間を手段として生存する。その意味では１９９９年公開の映画『マトリクス』における機械による人間の栽培は今に始まった事ではない。

この局面において、技術は自己組織的に、より正確には「オートポイエティック」に製品のネットワークを自己展開しているだけであり、そこにおいて人間はその展開を支えるひとつの選択肢にすぎないものとなる。その意味でも技術や機械への恐怖と憧れは、すでに時代遅れになった人間からのみ発せられた欲望であり、しかも機械にとってはどこまでも肩透かしの欲望にすぎない。兵器や核兵器など持ち出さずとも、航空機や車、エレベーター等々の事故により多くの人間の命が奪われてきたが、それらは技術にとってはより優れた製品開発を進めるための絶好のチャンスにすぎず、人間の想いは技術の展開に対してどこまでも外的である。

機械に憧れ、あるいは不安を抱くなら、その憧憬を実現し、不安を解消するための技術開発が

[7]
ユヴァル・ノア・ハラリ『サピエンス全史 上』柴田裕之訳、河出書房新社、２０１６年

続いていくだけであり、その限りで技術や機械は人間を支配してさえいない。「支配―従属」というカテゴリーは、「技術を使用する人間」が、あたかも自らを制約するように作り出したフィクションである。もし機械に欲望があるとすれば、それは自らの展開を慣性の力のように維持し続けるコナトゥスだけである。

「使用」という経験

現代社会における多様で深刻な問題の背景には「支配―従属」というカテゴリーとそれに応じた経験の構造がある。支配階級と被支配階級が分岐し、差別意識が生まれ、一方が他方を抑圧し、搾取するという相補構造となる。先進国と途上国、経営者（資本家）と労働者、富裕層と貧困層、マジョリティとマイノリティ、白人と黒人、男性と女性、健常者と障害者、それら全ての問題に「主人と奴隷」の構図とその亜種を見出すことができる。人間の残虐性のほとんどはこの構図として描かれるが、それに対して人間以外の動物は、集団で集団を殲滅させるようなことはほとんどない。

では、この「支配―従属」のカテゴリーが人間において出現したのはなぜか。この関係に最も近似するのが「使用者と道具」の関係である。「支配―従属」には「（道具を）使用する」という経験が通底している。私たちは道具や機械を意のままに使用する。この使用という経験がどのようにして成立したのか、この問いの重要さにイタリアの哲学者アガンベンがいち早く気づいている。

彼はその著『身体の使用』[8]において、アリストテレスにおける奴隷の定義づけである「身体の使用」から、ギリシア語の「使用（クレーシス）」という概念の系譜を跡付けている。２５００年

[8] ジョルジョ・アガンベン『身体の使用――脱構成的可能態の理論のために』上村忠男訳、みすず書房、２０１６年

前のギリシアにはすでに機織り機、鍬や金槌といった多彩な道具が存在し、それらを駆使して主人に尽くす奴隷も存在していた。主人にとっては奴隷も道具であるが、本来の道具が固有の機能性（働き／エルゴン）をもつのに対して、人間である奴隷には特定機能がない。そこで奴隷は「働く」のではなく「身体を使用する」のだとアリストテレスはいう。奴隷の身体は主人のために使用され、主人は奴隷の身体を使用することで自らの働きをなす。

そしてこの関係は、魂が身体を使用することに重ね描かれる。主人が奴隷を支配するのは、魂が身体を制御することであり、国家の指導者が民衆を支配するのは、知性が欲求を抑制することであり、これらは自然なことだとアリストテレスは述べる。それに対して身体が魂を支配し、欲求が知性を支配する逆転はすべてにとって有害だともいう。

現在でも私たちは「身体を酷使する」とか、「身体に無理をさせる」といった表現を当たり前のように用いる。この魂や精神による身体の使用、あるいは前者の後者に対する優位や制御関係が古代ギリシアにおいて可能になったのは、使用される道具がすでに人間の生活圏に溢れていたからに違いない。その意味では、哲学史や精神史の根底には道具使用の残響が響き続けている。

とはいえ、使用概念の系譜を明らかにするアガンベンはそう考えてはいない。むしろ、

「あらゆる使用はなによりもまずもってはみずからの使用である。なにものかとの使用関係に入るためには、わたしはそれ〔使用するという動作〕の影響を受けなければならず、わたし自身をそれを使用するものとして構成しなければならない。……なにものかを使用するさいには、使用するもの自身の存在がまずもっては使用されなければならない」（同前、61頁）

として、使用という経験を道具の問題からではなく、「自己の感覚」、「自己の親近さ」(同前、101頁)に結びつける。簡単にいえば、道具や身体を使用するには、それを使用する自己そのものの使用／構成が先行するのだという。

このことの論拠をアガンベンは、ストア主義、セネカ、キケロ等のテクストに求める。そこでは動物こそがあらゆる自己の使用において機敏であり、熟知していると述べられている。そして彼は、

「生きものが自己を使用するのは、それが生きるなかで、またそれが自分とは別のものとの関係に入るなかで、そのつど自分自身の自己を利用し、自分を感覚し、自分自身と親密になるという意味においてのことである。自己とは自己の使用以外のなにものでもない」
(同前、101〜102頁)

と結論づける。

しかしと、本論はここでアガンベンから離反する。使用において初めて主体／自己が構成されることに異論はないが、その自己が成立してからでないと他のものとの関係に入れないとは考えない。アガンベンは、自己の使用が動物においても確実に成立しているとテクストだけを論拠に断定しているが、多彩な道具に囲まれた人間と、道具をもたない動物との間に「使用」という経験の差異が本当に存在してはいないのか。問われるべきは、道具を使用する経験のない動物が、

自らの「身体を使用している」と、さらには「自己を使用している」と言えるのかである。

アガンベンは二千年という非常に短い哲学のテクスト史の中でしか語っていない。それが哲学者という人間の自負であり、限界である。その意味では、二百万年もの長きにわたる「技術の考古学」が、道具の出現という「ツール・インパクト」が見過ごされている可能性が高い。それに対して本論の仮説は、「何かを使用する」という「使用」の経験は道具の出現なしには成立せず、自己の使用や自己の認識はそれ以降の派生的経験にすぎないという至極単純なものとなる。

ツール・インパクトとは何か？

ハイデガーは『存在と時間』[9]における基礎存在論の現存在分析において、道具という存在を「最も身近に出会われる存在者」とし、メルロ=ポンティは『行動の構造』[10]において、人間と動物の境界を「道具使用」の観点から浮き彫りにしようとしていた。道具は家族よりも親密に私たちの日常に入り込み、ネットワーク化されたインフラとなって見えなくなることで世界と行為の可能性を拡張する。人間学を展開したゲーレンがいうように「技術は人間とともに古い」のだ[11]。私たちは道具を「使用する」と述べるが、この「使用」という概念と行為は、道具なしには成立せず、技術とともにある道具、装置、機械こそが、「使用する人」の在りようを決定してきた。これが本稿の作業仮説である。

アガンベンに抗って、動物は自らの身体を道具として理解することも、そうした観点から使用することもないと考えられる。彼らが牙で獲物を噛み切ることと生きるために食することの間に

[9]
『世界の名著〈62〉ハイデガー存在と時間』（原祐・渡辺二郎訳、中央公論社、1971年

[10]
モーリス・メルロ=ポンティ『行動の構造』滝浦静雄・木田元訳、みすず書房、1981年

[11]
アルノルト・ゲーレン『人間学の探究』亀井裕・滝浦静雄他訳、紀伊国屋書店、1970年

は隙間がない。その意味では動物にとっての牙や爪はいまだ道具とはいえない。

本来の道具は、その使用と生の目的の間に隙間を作り、行為の選択と余白を拡大させる。噛み切ることが食べることから切り離され、牙がただ噛み切ることのみを本性としたものとなるとき、それは物を切り裂くナイフとなる。

確かにチンパンジーも道具を作る。シロアリを取るための細い棒を木の枝から作り出す。しかし、ミズンが指摘するように彼らの道具には種類も部品もなく、より良い道具を制作するための道具（二次の道具）の制作も行われない。用途はほぼ食べ物を獲得することに限られ、新しい道具の使い方を考え出すこともない。[12]

それに対して人間では、およそ10万年前から道具が獲物の種類や用途に応じた特定機能をもち始め、道具の道具（工具）が多彩化し、石以外の骨製や角製といった素材の異なる道具が現れる。3万年前には壁画や視覚的記号、埋葬における装飾品も出土する。

また、およそ200万年前から20万年前までの間に初期人類は炉を作り、火打ち石で着火し、焚き火や、水を沸かすことを多くの場所で行なっていた。火の使用とともに料理が可能になり、肉の摂取が増えることで脳が肥大化し、歯のサイズが小さく胃腸が短くなる。この火の使用が行われるには、火を起こし、維持するための道具セットがすでに完備されていたはずである。[13] 道具はハイデガーが述べるようにひとつでは成立しない。ある道具は別の道具の使用と必要性を指示し、それぞれの道具が指示のネットワークに組み込まれていく。

この道具のネットワークとその使用の水準に応じて、人間は自らの経験を変えていく。道具とは、想定されている機能が反復され、改良されるとともに、その機能とは全く異なる現実を作り

[12]
スティーヴン・ミズン『心の先史時代』松浦俊輔・牧野美佐緒訳、青土社、1998年

[13]
リチャード・ランガム『火の賜物――ヒトは料理で進化した』依田卓巳訳、NTT出版、2010年

出すものの総称である。斧は木を裁断することが想定される道具だが、裁断を反復することからできるのはベッドであり、椅子であり、机である。それぞれの製品と裁断することは直接関係がないが、裁断しない限り、それら製品が生み出されることもない。当の道具からしてみると、そんな製品ができたといわれても驚くほかないだろう。ここに道具の自己制作的／オートポイエティックな創発性が関与する。

13世紀以降、アリストテレスの四原因説に、「道具因（causa instrumentalis）」という新たな原因が加わることをアガンベンが指摘している。例えば斧の道具因とは、動作主によって用いられて活動すると同時に、裁断するというそれ本来の性質にしたがっても作動する。道具の不思議さはみずからの本性を実現することが、同時に他の目的を派生的に実現することにある。道具はみずからの本性に従うことしかできない、ペンは書くこと、斧は切ることというように。にもかかわらず、ペンは偉大な哲学書を生み出し、斧はベッドを生み出す。しかもペンも斧も、哲学書やベッドを生み出すことを決して知ることがない。これを河本英夫のタームを用いて「道具の二重作動」[14]と名付けることもできる。

こうした道具との関わりが、人間を決定的に異なる生物の水準に移動させる。「使用する、製作する、企てる、失敗する」等々の行為するものの内面性と主体性が、道具の使用を通じて事後的に構成される。「使用する自己」とその認識は、道具使用の後にしか成立しない。

このことは道具が高度化し、装置や機械が作られることによって人間の自己認識や社会認識が変化することを予告していた。[15]心臓（血液循環）には「ポンプ」、目と真理認識には「カメラ」、動物の身体には自動機械である「時計」、身体の燃焼には「蒸気機関」、細胞には「工場」というよ

[14]
河本英夫『メタモルフォーゼ――オートポイエーシスの核心』青土社、2002年

[15]
ジョナサン・クレーリー『観察者の系譜――視覚空間の変容とモダニティ』遠藤知巳訳、十月社、1997年→以文社、2005年

うに、その時代の道具や装置、機械こそが人間や自然界を理解するモデルとなる。

さらには「社会の歯車」や「頭の回転が早い」、「知識をスポンジのように吸収する」、「人と人をつなげる潤滑油になる」、「故障者リスト」、「あの人間のスペック」、「産む機械」、「彼は私のATM」といった表現があるように社会関係を理解する際にも、その時代に応じた道具や機械をモデルにして自己認識が行われている。それなのに装置や機械はインフラ化し、コモディティ化することで人間の意識から消え、それが人間の活動や認識を貫いていることを忘却させてしまう。

道具のオートポイエーシス

最初の道具はおそらく必要に応じて作られたものではないだろうし、道具と呼べるほどの機能性も持ち合わせていなかっただろう。カミュが「あらゆる偉大な行為や偉大な思考は、滑稽な起源をもつ」[16]と述べていたことは、道具の出現にも当てはまるはずだ。偶然はいつでも発明の母の味方である。にもかかわらず、そのようにして現れた道具（のようなもの）の方から、人間の行動や欲望、欲求が作りだされてしまう。上記の論述から提示される「道具の存在論」とはそのようなものとなる。以下、最後に改めて要点を確認する

道具の本性とは、道具を作るための道具（二次の道具）が作られるように、一切のものを道具に変える（道具化する）運動のことである。チンパンジーやラッコのように一次の道具使用で終わるものは、本来の道具使用には至らない。道具は、道具の道具を生み出し、相互に機能性を指示し合うネットワークの中で「使用」と「目的‐手段」という経験を、使用者に内面化する。この

[16] カミュ『シーシュポスの神話』清水徹訳、新潮文庫、1969年

段階で例えば、石器をより尖ったもの、直線のもの、平面のものにするために幾何学の理念が使用される。フッサールが示唆した幾何学の起源は工具（道具の道具）の発明と相関している可能性も高い。そしてこの道具の道具は、それを操る道具（三次の道具）として「身体」でさえ道具化するに至る（下図参照）。

人間はみずからの身体を変形させ、飾り立て、切りつけ、筋肉を鍛え、化粧をし、偽装する。これは肉体への嫌悪を克服する作業にも見えるが、すでにこうした身体は道具化されている。しかも化粧にも、装飾にも、それを行うための幾つもの道具がすでに配備されていなければならない。確かに「模倣」や「虚構」、「言語」、「農耕」といった多様な因子が人間の形成に関連していることも確かであるが、ここまでくれば主人の道具である奴隷の出現は目前である。

アガンベンが指摘しているように、奴隷制度の出現によりギリシア・ローマ時代にはテクノロジーが発展しなかったか、その逆にテクノロジーの発見が遅れたために奴隷制度が恒久化したのかが議論になってもいる。とはいえ、アリストテレスはすでに述べていた。

「杼が自分自身で機を織ったり、撥が自分で竪琴を引いたりしたら、棟梁には下働きの者はいっさい要らないし、主人にも奴隷はいっさい要らないことになるだろう」

（前掲『政治学』28頁）

その意味では19世紀に始まる奴隷制度の撤廃は、人権意識の芽生えによってだけではなく、身体よりも優れた道具＝機械の出現を待たなければならず、それによって人間の身体が道具として

道具存在論の次元化

時代区分	高次化する道具	道具の形態
20－21世紀 オワコン時代	四次の道具	精神（人格）のコンテンツ化、人工知能
18世紀－19世紀 産業革命	三次の道具	身体（奴隷）→　機械・工場
10万年－1万年前 新石器革命	二次の道具	制作具（工具・農具）
200万年前 旧石器時代	一次の道具	機能性用具

の機械よりも劣った地位に成り下がった結果であった可能性が高い。人間とその身体ほどコストがかかり、脆弱で、融通が利かないものもないからだ。

プラトン以前には、ホメロスの叙事詩などは口誦によって伝承されてきた。[17] そこでは人間自体が記憶媒体として機能していたのである。しかし石板や筆記具という道具メディアが伝達や記憶の在り方を一変してしまう。人間はもはや紙やペン、ＰＣやスマホなしに思考も計算も記憶も困難であり、運動能力でさえ靴を履かないとまともな記録も出せない。

ロマン派の詩人ノヴァーリスは、「自己を乗り越えるという行為は、どこにあっても生命の最高の行為であり、原点であり、生成なのだ」と述べているが、[18] これに倣って、もし人間の本性を、「みずから自身を絶えず乗り越え、自らの定義を書き換え続けること」と定義づけてみた場合、実はこれは道具の本性から拝借したものであることが分かる。

なぜなら道具は、

①あり得ないような問題の対処法を見つけ、

②へこたれることなく既存の能力をやすやすと超過し、

③不可能な課題を解消するために絶えずバージョンアップし、

④さらなる道具を作るよう人間に競争を強いる。

⑤そして一切の経験を道具化することで技術と道具のネットワークを拡張しつづけるもの、だからである。これこそ、教育と発達において理想とされる人間の在り方ではないか。

人間学のゲーレンが述べるように、文化史上で起きたツール・インパクトは新石器時代と19～20世紀における産業社会の二回というのが妥当なのかもしれない。一回目では、身体の道具化が

[17]
エリック・A・ハヴロック『プラトン序説』村岡晋一訳、新書館、1997年

[18]
『ノヴァーリス作品集 第一巻 サイスの弟子たち・断章』今泉文子訳、ちくま文庫、2006年

起き、二回目では、人間の内的経験や人格でさえデータとして収集され、コンテンツとして製品化される。さらに現代は、それらデータとともに精神活動に類似する人工知能と、それをはるかに凌ぐ知能の開発が行われている。「道具」、「道具の道具（工具）」、「身体という道具（奴隷）」、「精神という道具（人工知能）」というように道具の螺旋は拡張の一途を辿る。すでにデカルトが、理性を「万能の道具」と呼んでいたが[19]、それがようやく工学的に機械に実装されつつあるのだ。

テクノロジーはどのような隙間にある経験も道具化が可能かどうかを吟味し、試していく。ただしここで、道具や機械を擬人化していると考えてはならない。そもそもアンドロイドのように機械を人間化する過程が問題なのではなく、道具化されたものの延長にあるのが人間に他ならないからだ。

にもかかわらず、これまでの人間問題の一切は、「使用という経験」の節（113〜116頁）で述べたように道具化に抗する戦い、道具にならないための、道具として扱われないための戦いであった。しかし、この欲望自体が道具の使用から派生するものであり、その目標を人間が追い求める限りで、経験の道具化はさらなる躍進の活力を得るのである。

道具は壊れ、あっという間に陳腐化する。10年前の携帯電話やビデオテープ、パソコンのOS等は古すぎて見る影もなく、CDでさえ時代遅れになりつつある。人間はいまだにこの道具の代謝の速度感に順応できずにいる。だからこそ陳腐化し、動かなくなった装置や設備に死の余韻を感じ取り、それ自体がアートのテーマにさえなる（例えば山口情報技術センターにおける「メディアアートの輪廻転成」展）。しかしそのとき人間は自らがオワコンであることをまさに道具に重ね描かざるをえない。陳腐化したのは、実はその時代に生きていた人間性の方であり、それを回顧的

[19]
デカルト『方法序説』落合太郎訳、岩波文庫、1995年

に反省しかできない人間の不自由さである。それに対してテクノロジーは死なず、機械は過去を顧みないまま離散的に新たな存在になり続けていく。オートポイエティックに道具は指示と使用のネットワークにおいて稼働し、他の道具に働きかけるものであり、そうしたテクノロジーの展開と使用に貢献しない装置や機械はすでに道具というシステムの外部となる。[20]

　こうした経験の位相において挑むべき問いとは、現在の人間性とその認識に決定的な影響を与えている道具や機械とは何か、そして、どのような機械が今後現れると人間の経験が変容してしまうか、あるいは男女の性のどちらがどの程度の量と種類の道具をこれまで手にしてきたのか、道具を用いることによる性差があるのか、あるいは例えばピダハンという種族は、たとえ道具を文明国から持ち込んでも、それを使えるだけ使って壊れた後には放置し、修復したり改良したりはしないというが、[21]何が道具の使用という継続的な経験へと参入することを促すのか、といったのものとなる。道具、装置、機械によるネットワークが拡張する中で、人間は次に何になりうるのか、今の人間性のほとんどが失われたその先で人間の残滓は何を経験するのか、こうした問いへの展望はまだ誰も描き切れていないが、自己創出することしかできない道具の存在論こそが、その手がかりを提示できるものなのだと思われる。

[20] 河本英夫『オートポイエーシス――第三世代システムとは何か』青土社、1995年

[21] ダニエル・L・エヴェレット『ピダハン――「言語本能」を超える文化と世界観』屋代通子訳、みすず書房、2012年

◆稲垣諭（いながき・さとし）
1974年、北海道生まれ。東洋大学文学部哲学科教授。

青山学院大学法学部卒業。東洋大学大学院文学研究科哲学専攻博士後期課程修了。文学博士。東洋大学文学部助教、自治医科大学教授を経て、現職。専門は現象学・環境哲学・リハビリテーションの科学哲学。

著書に『壊れながら立ち上がり続ける——個の変容の哲学』（青土社）、『大丈夫、死ぬには及ばない——今、大学生に何が起きているのか』（学芸みらい社）、『衝動の現象学——フッサール現象学における衝動および感情の位置づけ』（知泉書館）、『リハビリテーションの哲学あるいは哲学のリハビリテーション』（春風社）が、共編著に『エコロジーをデザインする——エコ・フィロソフィの挑戦』（春秋社）、『エコ・フィロソフィ入門——サステイナブルな知と行為の創出』（ノンブル社）が、共訳書にE・フッサール『間主観性の現象学——その方法』（ちくま学芸文庫）、荒川修作＋マドリン・ギンズ『死ぬのは法律違反です——死に抗する建築 21世紀への源流』（春秋社）などがある。

第5章 創造

身体の未来 イマジネーションをめぐる戦争の時代の芸術

笠井叡

本章の論点

舞踏家であり、作・演出を手掛ける笠井叡《あきら》にとって、身体は創り出すものであり、同時に創り出されたものでもある。そこに創造の循環があり、そのため身体そのものはどこまで行っても果てがなく、また尽きることのない「迷宮」となっている。この場所を「事物以前」と呼び、事物以前には情報にも意味にも解消できない創造的なプロセスが進行している。この事物以前の場所から、情報や意味は創造され出現してくる。その点で、この場所は、情報が生成する場でもある。

作られた情報をやり取りするだけではなく、情報そのものの生成に立ち会い続けることが身体表現となる。そのとき最も重要な働きをしているのが、イマジネーションである。

身体の迷宮性

決意してそうだったというわけではないけれども、結果として今に至るまで、社会的には舞踊家という職業に携わり続けることになった。また、それほど職業的であるかないかということも、深く考えたことはないが、それを生業にしているということは、何らかの意味で、趣味でそうなのではなく、そこには、好むと好まざるとにかかわらず、舞踊というものに対して職人的な関係性が生まれているに違いない。

舞踊はまぎれもなく身体全体でなされることであり、将来ロボットダンスが人間の身体ダンスと並んで、舞台にもてはやされるようにならないとは限らないが、私にとって、もはやそれはダンスではない。なぜ、かくも舞踊にこだわり続けているのかというならば、身体というものは永遠の迷宮のようなもので、その内部に入れば入るほど、その内部はさらに、深まり続けるということであり、いつまでたっても終わりのないものだからである。

その終わりのなさは舞踊においては、舞踊作品が同時に舞踊作家である、つまり、「作品と作者」が、融合しているというところにあるに違いない。「造るもの」が「造られるもの」であるという迷宮性が、最も純粋に現れるのが舞踊である。そのことは脳学者がよく言う「脳が脳について考える」ということと同様であって、「考える」という作業は、脳の内部でありながら、「脳について考える」という瞬間に、その主体は脳の外へ出なければならない。舞踊においては、この「内部が外部である」という迷宮性からは、決して逃れることができないのである。

発は常にここにある。この迷宮性そのものの中から創造という行為が始まるということはこの迷宮の中に存在し続けることによってのみ可能であるに違いない。しかしこのことは社会生活においては全く成り立たない。

商品というものは身体の外に「物」として存在することによって、成立する。商品がその生産者の身体と同一であるとするならば、通常の経済活動は、成り立たない。しかし、「経済とは利潤追求である」という原則の上にこのような経済活動は成り立つのであって、もし経済から商品や貨幣の概念を取り去ってしまうならばこの事情は全く変化する。

人間の呼吸というものは、植物が酸素を提供してくれることによって成り立ち、また植物は人間の炭酸ガスを吸収することによってその生存を保っている。この相互関係において、商品や貨幣を仲介する必要は全く存在しない。人間のカラダの中で、食事を通して体内に入ってきた栄養素がカラダの必要な場所にその栄養分を分配するときに、その流通機構の中に全く利潤性が入り込む余地がないように、経済活動というものを、純粋に「必要なものが必要なところに流れる」という、「完璧な流通行為の実現」として考えるならば、考え方の上においては、利潤追求を経済活動の前提とする必要は全くない。

もしこのように経済活動というものを「地球の完全な物質代謝」としてとらえるならば、地球という主体と商品の関係は、作家と作品の関係に転移することも可能である。もちろん、このような経済活動の主体を人間ではなく、地球と捉えるのは経済学においてはありえないことであるが、作家が作品であるという舞踊においては、決して排除することのできない考え方である。現在の経済学が「経済の本質」というものを認めないとしても、地球が一切の経済活動の大元である生産物の根元を提供するという考えに立つならば、経済の本質というのは、ひたすら地球の物質代謝ということであろう。

最近、「新しい実在論」を目指して『なぜ世界は存在しないのか』[1]という書を世に問うたのはマルクス・ガブリエルというドイツの哲学者である。彼はその書の中で、かつて歴史の中で「神」という概念が消滅したように、形而上的な絶対的な本質があるという考え方を、真っ向から切り捨てて次のように述べた。

「この世界は、観察者のいない世界でしかありえないわけではないし、観察者にとってだけの世界でしかありえないわけでもない。これが新しい実在論です。……従って世界を有意味に定義しようとにしようとすれば、すべてを包摂する境域、すべての領域の領域とするほかはありません。こうして世界とは、わたしたちなしでも存在するすべての事物・事実だけでなく、わたしたちなしには存在しない一切の事物・事実もその中に現に存在している領域である、ということになります。世界とは、何と言ってもすべてを――この人生、この宇宙、そのほかすべてを――包摂する領域であるはずだからです。

ところが、まさにこのすべてを包摂する領域、つまり世界は存在しませんし、そもそも存在することがありえません。この主要テーゼによって人類が頑なにしがみついている『世界は存在する』という幻想がうち壊されるだけではありません。それと同時にわたしとしては、この幻想をうまく利用して、そこからポジティブな認識を獲得したいとも思っています。つまりわたしは世界は存在しないということだけでなく、世界以外のすべては存在するということも主張したいわけです」

[1] マルクス・ガブリエル『なぜ世界は存在しないのか』清水一浩訳、講談社選書メチエ、2018年

持って回った言い方であるが、要するにこのことは、ガブリエルも例に挙げているように、次のことを意味している。例えば、甲府から見た富士山と静岡市から見た富士山と茅野から見た富士山と東京から見た富士山はみんな四つの異なった姿を人間に与えるけれども、それら四つの内的像を生み出す対象としての富士山はひとつしかないということ。ただし、それら富士山と四人の人間を創造する「世界」というものは「無い」ということを述べている。

このことは先の例で挙げるならば、経済の本質である地球が行う物質代謝などということは無く、あるのはただ、利潤の追求という経済の無限のバリエーションがあるだけだ。そこにおいては、マルクス主義であろうと、資本主義であろうと、ありとあらゆる経済原則は存在するけれども、その経済の大本の「地球という主体が行うところ物質代謝としての経済世界」だけは存在しないということである。「世界は存在しないけれども、世界以外のすべてが存在する」。ここにおいて世界以外のすべてが存在するということは、人間によって生み出された一切のイマジネーションは存在するけれども、「人間そのもの」を生み出しているところも世界そのものは「無」なのである。

このことを先に述べた舞踊における身体の迷宮性、すなわち「創造するもの」は「創造されるもの」、握るものが握られ、見ることが見られること、という「迷宮の鏡」に映し出してみるならば、何が見えるであろうか。例えば「神よりも善なる悪魔」というイマジネーションは人間が生み出したものとして存在性を有する。人間のイマジネーションによって生み出されたもののうち、「存在」の特性を持たないものは何ひとつない、とガブリエルは断言する。一方、万物を「創造」する主体としての世界は「無」である、という時、この「存在」と「創造」とはいかなる関係なのであろうか？

本来、創造されるから存在が現れ、存在を有するから創造ということは成り立つ。両者を分離することは決してできないはずなのであるが、今日、私たちがこの言葉を用いるときに、「創造」と「存在」は完全に自立した概念を有するようになっている。「世界以外のすべては存在する」とは、「世界以外のすべては創造から分離されることによって存在している」ということを意味している。古典的な世界創造者としての神も、或いは事物の「本質」も存在することなく、あるのは、創造から完全に分離された「存在」だけなのだ。だから、マルクスの新実在論もそこには、あの、ジャン＝ポール・サルトルが『実存主義とは何か』[2]という著書の冒頭に述べた「存在は本質に先立つ」といった言葉がここでもリフレインされている。ここで舞踊あるいは身体の迷宮性は何か、と言えば、それはこの存在性と創造性を融合することによって、生じるのだ。ここで次のような疑問が生じる。

宗教の持つ圧倒的な力によって言葉の意味性が与えられていた神話的な時代において、「神が世界を創造する」という言い方は、一方において成り立つであろうし、そのような宗教性から言葉の「意味性」を崩壊せしめたニーチェのような人間においては、もはや神という言葉の代わりに、人間の至上性としての「超人」という考え方がそれに対置されるであろうし、今日においてはマルクス・ガブリエルの述べるような「すべてのものを包摂する世界」というのは「無」であるという言い方が「言語そのものの世界」では、成り立つ。

ここで、創造神、超越、或いは「無」というのは時代の変化とともに現れる世界本質の三つの概念なのではなく、この変化を生じせしめているのが、人間の、世界と言葉に対する時の、意識の変化がその根底にあるとするならば、この意識の変化をその根底から支えているものとは、一

[2] J・P・サルトル『実存主義とは何か』伊吹武彦訳、人文書院、1996年（増補新装版）

体何なのか？　この問題に直面した時に、中世の哲学者アルベルッス・マグヌスは人間の意識の変化を支えるものとして、人間そのものの進化に、三つのアイオーン（時間圏）を考えた。[3]それは、

事物以前の世界　universalia ante res
事物の中の世界　universalia in rebus
事物後の世界　universalia post res

である。この三つのアイオーンが人間の意識の変化の根底を支えている。これは世界そのものの三つの姿であると言えるし、また人間の意識の中に現れる三つの世界であるとも言える。また人間に言語が出現するときの三つの発展段階であるとも言える。

今、このアルベルッス・マグヌスの三つのアイオーンを意識の中に取り入れるためには、大いなる精神の冒険を必要とするだろう。なぜなら、そのためには、人間が物事を考える上での前提や常識、あるいは通常の概念的思考を一度取り払う必要があるからである。例えばもしここ数千年の人間の言語や意識の発展を考えるならば、まぎれもなく人間は、一定の段階にとどまり続けているのではなく、常に時間とともに変化している。この時間とともに変化している事実を、さらに過去現在未来に向けて、限りなく押し広げるならば、人間は現在の人間であるより前の、人間以前とも言うべきところから発展してきた、と言えるのである。

一般的にそれを歴史以前とか言語以前という言い方をするが、その内実とは一体何であろうか？もし仮に世界が時間と空間の出現する以前に存在しているとするならば、それは、「世界の眠り」

[3]
Hans Erhald Lauer, "Weltenwort und Menschensprache". Philosophisch-Anthroposophischer Verlag Schweiz, 1972.（ハンス・エアハルト・ラウアー『世界言語と人間の語る言葉』哲学人智学出版社、スイス、１９７２年）

としか言いようのない状態であろう。時間と空間の出現とはこの「眠り」が終わったところから始まる。

アルベルツス・マグヌスの「物質以前の世界」とは、この世界自身の時間空間によって、世界に世界像と呼ばれるものが出現するまでの過程である。この過程は人間の生活においては、夢と比較し得る世界である。「世界自身の眠り」の中から夢が現れ、そこに今日「表象」と呼ばれている内的像が世界内部に出現してくる過程としての、アイオーンのことである。このとき人間は世界と完全に一体である。そして、目覚めているのは、世界の方であって、人間は、暗い意識の中で、これらの表象と一体となって生きている。この世界内部の表象は世界が自身の内部に向けて創造したものであると同時に、人間が自分自身の内部に創造したものでもある。

ここにおいて、内部と外部の相違は全く存在しない。それはすべて世界内部の出来事として自身の内で体験されることなのである。それゆえに、まだ物質的な対象物が外に存在するということもない。その時の、「人間の身体」ということを表象するとするならば、それは、内に向けて無限の表象を作り出している世界内部そのものが人間の身体なのである。丁度、今日、人間が摂取した栄養物が体内において、その栄養分を必要としているところに寸分違わず流れていくように、世界は一個の世界自身を消化する装置として、人間とともに、内部像を無限に創造している。

なぜ世界は創造行為を行うのか。それは、世界が永久に停止し続けようとはしない限り、自身存在そのものをまず初めに「養分」として摂り入れ、それを消化し、消化したものを再び自身の内部に像という栄養分として送り返しているからである。世界自身の自己進化のために世界は自分を食べ、それを消化し続けているのである。

このことは今日の人間の芸術的な創造行為の根底に作用しつづけている。身体そのものがひとつの迷宮すなわち内部と外部が一体となりながら、造られていくのであり、その原型が舞踊であるとするならば、舞踊というのは人間が世界とともに行う一種の「自己消化の過程」であると言える。ここには貨幣や利潤追求という意味での経済活動は全く存在しない。しかし、この世界が内部に行う新陳代謝としての消化過程、栄養分の吸収とその分配という自己活動は、原経済行為であり、そこに経済の本質が存在している。それゆえに、この事物以前の世界とは、経済活動と芸術活動が全く有機的に結びついたひとつの世界内部の活動なのだ。

マルクス・ガブリエルはこの世界像について、哲学者の立場から、次のようにコメントしている。

「像を結ぶことのできる何かとして世界を表象するとき、この世界像という、《隠喩》によって、わたしたちがすでに前提にしてしまっているのは、わたしたちが、世界に対峙しているということ、そして、わたしたちが世界について作る像が、いわば世界それ自体に等しくなければならないということです。このようなことが《理論》や《モデル》という表現に示唆されていることも少なくありません。しかし多くの理由から、この世界についての議論はもちろん、およそ《すべてについての理論》が存在することはありません。ハイデッガーが指摘している最も簡単な理由は、そもそも世界が表象の対象ではないということにあります。私たちは世界を外から眺めることができませんし、したがって、私たちの作った世界像が妥当なものかどうかを問うこともできません」

（前掲書）

　ここでマルクスが言っていることは、全く正しい。しかしそれは、もうすでに人間が世界から完全に分離し、一個の存在性を獲得し、さらにそのことによって、世界そのものは「無」である、またそれ以外のすべては存在しているということを前提にしてのみ成り立つのである。

　ここでマルクスが示唆していることは、このアルベルッス・マグヌスが言う「事物以前の世界」においては全く逆となりうるであろう。なぜなら、ここにおいて、人間は、暗い無意識の状態において、世界と一体であり、世界自身が内部に作り出すところの像は人間自身の内部像でもありうるからである。もちろん、世界と世界像という言い方は、明確に区別しなければならない。なぜなら無限に世界内部に世界像を形成するからといって、その総体そのものが「世界そのもの」と等しくなるわけではないから。

事物以前の世界

　この「事物以前の世界」において、人間と世界とはいかなる関係であろうか。その時、人間は世界が表象するところの、ひとつの内部像として存在するのではない。この内部像そのものを表象しているのは人間だからである。だが、その時の人間とは、世界そのものと、同質の表象者ではない。世界が「眠り」の中から時間存在とともに目覚めるとするならば、世界そのものは、「眠り」という無意識の状態から一挙に目覚めるのではなく、「事物以前の世界」の中に自身を表象として流し込みながら、時間の経過とともに目覚めていくのである。

　このとき、「目覚めた存在」に対して、「世界」或いは「神」或いは「本質」という言葉を与えることができるとするならば、この内部像を作っている世界にとっての人間とは、それらの「世界」の目覚めていない部分としての無意識なのである。それゆえに、世界と人間を二つに分離することが出来ないのは、ちょうど闇の中に輝いている光のごとく、世界が目覚めるに従って人間の闇の部分は次第に光の意識を持ち始めるからである。だから、もし「事物以前の世界」が一つの終わりを迎えるとするならば、眠りから目覚めた世界が、人間とともに完全な覚醒にいたることによって、生じるであろう。

世界が停止し、眠り続けている限りにおいて、そこには、自己消化という過程は生じない。しかし、ちょうどギリシア神話においてサテゥルヌスが自身の子供を食べるように、世界が自己消化の過程の中に入ることによって、そこに無限の表象が現れ始める。そしてその表象を世界自身のいたるところに「世界像」として、流出するのである。

もし人間が無限の時間の中で無限に夢を見続けるとするならば、その無限の夢の像は世界像として、この世界自身が内部に表象する世界像と完全に重なるである。世界と世界像そのものは全く異なる。しかし、この無限の世界像の中から宇宙におけるすべての像が現れるのであり、そこから現在、大自然界と呼ばれているものが生じる。この世界像は人間においては、全鉱物界であり、全植物界であり、全動物界であり、全自然界であり、全天体である。天候であり、また四季の流れであり、あらゆるものが世界像として、そこに出現する。それゆえに、事物以前の世界における言語活動とは、世界の自己消化によって生じる世界像、或いは現在大自然と呼ばれているものを生み出す自己消化の過程そのものが、言語活動といえるであろう。

後に述べるように、現在、人間が使用しているような概念言語は、「事物以前の世界」でも、「事物の中の世界」でもなく、「事物後の世界」において初めて生じる言語体系なのである。この「事物後の世界」の言語活動において、この「事物以前の世界」におけるように、自己消化の過程によって現れる世界像とその表象によって全自然界、全宇宙が出現するという創造性を有する言語を思い描くのは、ほとんど不可能であるかもしれない。

言語は創造されることなく突然存在したのではない。また、あのフランスの哲学者が言うように、「われ思う、ゆえに我あり」でもない。ここでは、イメージそのものが世界の自己消化、世界像として生まれるのであり、その「思う」という活動は、「あり」という存在を生み出す以前の、無限に流出されるイマジネーション像と言わなければならない。言語は創造されることなく、突然存在性を獲得したのではない。この自己消化の過程なしに「事物後の世界」の概念言語は出現しないであろう。また、「事物後の世界」として初めて生じるこの概念言語においてだけで、この「迷宮の世界」のリアリティを獲得することはできない。

しかし人間は、この「事物以前の世界」の中に、世界と一体となって入り込んでいることによって、言葉が生まれる過程の中に自身を置くことができるのである。そしてその時、世界とともに世界像を創造しながら、その創造行為に参加し得るのである。

「事物以前の世界」における言語は創造性と内的像という特性を有している。人間の今日見る夢には、この二つの言語活動の残照が残っていると言えよう。創造性の側面で言うならば、自分が見る夢は他人が見ることができない、それはその個人によって創造されるものだからである。そして世界には、人間の数と同じだけの夢の数や夢の表象像が存在する。そしてこの個人によって創造される夢の表象は、川や岩石や山や星々が個人の外部にあるのに対し、この夢の像はどこまでも内部像である。夢とは「作るものが、作られるものである」という迷宮なのである。

「事物以前の世界」についての具体的な記述　一

例えば、今日私が、夜、夢を見るとする。そしてその夢の中で、一つ一つの夢の像やその事物関係や出来事すべてが、夢の内部の出来事であると自覚していたとしよう。夢の場合ほとんどその像は自分以外のものであって、自分はその夢を見ている主体であるので、他の像と同等、同列に自分の存在が夢の中に現れることは、ごくごく稀であるに違いない。

けれども、もし、その夢の中で、例えば他の動物や人間や植物や人と同質の存在性をもって、自分の存在がその夢の中に一つの像として存在している、としよう。その時にこの夢を見ている主体である私が、その夢の中の私の像の中に、もしその存在性を移し替えることができるとするならば、その夢の中の全像は、世界像の夢の結晶体となって、そこに新しい「物質的な世界」が出現するに違いない。

「事物以前の世界」についての具体的な記述　二

ある人間が例えば交通事故で突然死亡し、肉体を失い、地上以外のどこかの時空に立っている自分自身を見いだす。真っ暗な闇の中である。完全な孤独である。感覚に訴えるものは何一つなく、耳にも目にも鼻にも感覚を刺激するものは何もない。しかし彼は、永遠の時間をこの闇の中に存在し続けなければならないという明瞭な意識を持った自己に気付く。そして肉体を持っていないためにも、もはや「さらに死ぬ」ことすらできずに永遠の孤独の中で闇の中に存在することになる自分を発見する。

彼は死ぬことができないので、意を決して自分の全存在を捨て去る。そしてこの闇の中に自分を流し込み、闇と自分を融合したとする。彼はもはや孤独ではなく、この闇の世界存在である。そして彼は、この世界存在とともに明瞭な意識で、彼のカラダの中にあったすべてのコトバを、この闇とともにこの時空の中に「声」として響かせ続け、語り続ける。するとその声は像、世界像を生み出し、声はそこですべてのイマジネーションを生み出す力になる。そしてそのイマジネーションは彼とともに一つの世界の中で、死んだ直後の彼と同等の存在性を持つ。彼は「声」と引き換えに、宇宙を創造する夢を生み出す。やがて、それらの像は彼とともに新しい物質世界を生み出すだろう。

「事物以前の世界」についての具体的な記述　三

古今和歌集の紀貫之の歌――

「やどりして春の山辺に寝たる夜は夢のうちにも花ぞ散りける」

を、読む。この千年以上も前に成立した歌を今読み、ひとつのリアリティを持つということは、現在の私のカラダの中に物質的現実ではなく、ある像的現実が生きていることである。

この像的現実をリアルに感じながら、さらに山辺の花の中を歩いているうちに道に迷い、山で寝てしまい、夢の中で再び自分を取り囲んでいる像的現実の中にある花々が再び立ち現れてくる、という二重の像的世界の中に入り込む。自分の中における紀貫之の千年前の世界がリアリティを持って自分の中にあるときに、その像の中に、もうひとつの夢の像としての花が現れると、その関係は世界と、世界が生み出す世界像の関係に転移する。

もし、今日の人間がアルベルツス・マグヌスの言う「事物以前の世界」を身体感覚として創造しようとするならば、このような内的な作業が必要になってくる。そのとき重要なのは、ひとつの像的世界を内的なリアリティとして創造するのではなく、さらにその中にもうひとつの像的世界を作り出すことなのである。つまり、「像の中の像」を通して、この身体感覚が生まれてくる。その理由は、もし、人間なしに世界だけで世界自身が自己の内に世界像を造るとするならば、それはひとつの像的世界で済むのである。しかし人間はその時世界内部の存在として、この像的世界の創造に関わっている。すなわち、人間自身が世界とひとつになるというカテゴリーの中に第一の像的世界が生まれ、つぎに世界が自身の内部に世界像を生み出すという意味において、第二番目の像世界が現れるのである。それゆえに現在の人間がこの「事物以前の世界」を身体感覚として作ろうとする場合には、このような二重の像作業が前提となるのである。

像の中の像

「事物以前の世界」とは、人間が世界とともに「二重の像」の世界内部に無限の世界像を創造しつつある時である。その時に、言葉は像そのものと一体である。言葉は像であり、像は言葉である。このことを人間の側から言うならば、次のように言えるであろう。

宇宙、自然現象のすべてのもの、また、それによって生産されるすべてのものが「内部の内部像」としての言葉なのである。「事物以前の世界」の人間が風を見るならば、それは「自己の内部の内部を吹く風」という言葉なのである。「風」と言葉、或いは声は「風そのもの」から決して分離することがない。「事物以前の世界」の人間が海を見るならば、今日の「夢の中の夢」であり、その海は自分の体の中を像として、波打ちつつ、その海そのものが言葉なのである。決して言葉は物事を指示するものではない。物そのものと、完全に結びついている。それゆえに口から空気の方へ振動させるような言葉を発するような声は存在しない。声そのものが海を創造し、声そのものが風を創造するからである。それは創造的な声である。

　今日、言葉は対象を指示するものとして用いられるが、そこでは「花そのもの」が「風そのもの」が「星々そのもの」が「大地そのもの」が人間の世界像としての言葉なのである。それゆえ、このような言葉を「事物言語」「動作言語」「存在言語」と呼ぶことができるであろう。アルベルツス・マグヌスの言う「事物以前の世界」では、人間にとっては二重の内部像を通して言葉が像そのものと一体となった世界なのである。

　今日人間が「物質」と呼んでいるものはどのようにして出現したのであろうか。物質、あるいは人間の物質的身体は宇宙に突然、ひとつの存在物として生じたのではない。物質そのものは、創造されたものである。創造されることなしに、物質が突然、存在するということは、ない。物質とは一体何なのか。それは、イマジネーションが結晶することによって生じる。これ以外に物質の創造過程を考えることは、できないであろう。物質というのは、イマジネーションが凝結し、結晶することによって生じたのである。イマジネーションの存在なしに突如として物質が人間の前に対象として現れることはない。言い換えれば物質は、世界像とともにある人間の内部像が結晶して生まれたものである。

このイマジネーションの結晶とは、どのような過程であろうか。今日、私たちがあらゆる物資という意識の形態にリアリティを与えるのは、まぎれもなく人間が自己の「記憶像」を通して世界を眺めるようになった後のことである。記憶像なしに物質は決して外なる対象としては存立し得ないのである。記憶像と物質意識は、ともに一体となって出現する。この記憶とともに働く物質意識は、私たちに生命的生産的な力を与えることはないであろう。それは、記憶によってのみ、人間の中に事実と呼ばれているものが立ち現れるからである。

人間は、記憶と結びついて生じる「出来事」を、「事実」という言葉で呼んでいる。例えば、北方と南方を分断する「38度線」という緯度は記憶によってのみ形成されたものであって、その事実だけが、人間の生存や生命活動に作用し続ける限り、この事実は私たちにいかなる力を与えることもないであろう。そしてこの「記憶に基づく事実」だけが人間にとっての客観性である限り、人間はその唯一の事実によって無限に力を奪われ続けるであろう。

空間と呼ばれているものは人間の外部世界にあり、それに対して、時間は感覚でとらえることのできない内部世界のものである。人間において、時間と空間は内部と外部に分裂している。一体このような分裂は、なぜ生じたのであろうか。「事物以前の世界」において、人間が世界内部の存在である時には、このような分裂はない。人間自身が世界外部の存在者、世界に対して外側から関わるようになった瞬間に、この分裂が始まったのである。そのことによって、人間の内部で生じるべき表象は、内部から現れるのではなく、外部から出現するようになる。

今日、天体を眺めて、木星、土星或いは恒星等を識別するとき、そのような表象は外から人間のカラダの内部に流れ込んでくるように、思える。決して「事物以前の世界」のように自分自身の内部から生み出されるものではない。このことは、後に明らかかする「事物後の世界」と「事物以前の世界」の決定的な違いであると同時に、もはや今日の人間がこの二つの世界に橋をかけることがいかに困難であるかを表している。今日人間は、すべての表象、記憶像、イマジネーションを自分の外部から作り出すようになったからである。

結晶するイマジネーション

現在、人間は自分の身体をとらえるときに、それを皮膚の内部と考えるのは、それによって、内部と外部を明瞭に分離することができると考えるからである。「事物以前の世界」において、もし、人間の身体性がどこにあるかというならば、まさにその逆であると言わなければならない。それは世界存在とともに自分の身体の外側の無限空間内部を生きている。人間の物質的な身体が有限性を刻印付けられているとするならば、「事物以前の世界」は内部の無限性を生き続けている。ここで一つの問いが生じる。

今、私たちは、「事物以前の世界」に対応しうるような物質的身体の外側に広がる無限空間の身体ということを想定しうるであろうか。或いは、なぜそのような世界内部とともに存在している身体性を構築しなければならないのであろうか。その歴史的な必然性とは一体何なのか。ここで次のような問いに向かわなければならない。

もし物質がイマジネーションの結晶したものとして出現するならば、それはどのようなプロセスを通して世界内部に現れるのであろうか。

現在の時点から、「事物以前の世界」における人間が、世界内部とともに生み出すイマジネーションを、意識の中に再現するためには、すでに二つの具体的な例を通して述べられた。そこで重要なのは、二つのイマジネーション像を通してそこに向かうということであった。すなわち、「夢の中の夢」「像の中の像」「鏡像の中の鏡像」という二重のカテゴリーを通してである。

一人の人間が夢の中で、鏡に映っている自分の姿に出会うとする。この鏡の中の像は二つの像を通過して現れてくる。この二重像はイマジネーションが物質として結晶するまでに通過する前カテゴリーである。夢の中に出現する鏡の中の自分の姿は、そのままでは決して結晶しない。結晶化し始めるには、まず夢の中に現れる鏡像感覚を消滅させなければならない。そして自分の姿をその鏡像の外に存在する他の夢の像と同等の地点に置かなければならない。そうすることによって、夢の中にある鏡像から、単なる夢の中の像に置き換えることができるようになる。このようなプロセスが世界像としてのイマジネーションが物質として結晶化してゆく過程の中で、生じなければならないのである。

この二重の像が一重の像に変化していく時に、そこで具体的には何が生じているのであろうか。その時、世界を生み出す膨大な意識のエネルギーが像として結晶化し、消費されているのである。二重鏡像が一重鏡像に変わるというのは、物質を生み出す前過程として、宇宙大の意識のエネルギーが凝縮するのである。

今日、少しでも芸術作品の創造や文化的創造に関わっている人間は、ものを創造する時に自分が人生の中で得た記憶像によって創造している時と、そこに世界像の方から流れてくるイマジネーションのエネルギーが加わる時の違いは明瞭に意識している。ものを作るということは世界像の方から流れてくイマジネーションなしには決して成立し得ない、ということを知っている。それはイマジネーションそのものが創造エネルギーを有しているからである。このイマジネーションが有しているネルギーが結晶化することによってのみ、世界に物質は現れてくる。

また、芸術的創造において、世界像から流れてくるイマジネーションが、一重のイマジネーションから二重のイマジネーションに変化していくならば、その創造的な力は一重のイマジネーションの時とは比べ物にならない膨大なエネルギーが現れる。芸術的なイマジネーションは一重像なのか二重像なのかによって決定的な違いが生じるのであり、二重像を通して生じる創造は、芸術的行為が世界像そのもの形成としてのエネルギーに変化していくのである。「事物以前の世界」は「人間にとっては」つねに二重のイマジネーション世界として出現してくる。

そして、世界内部において、二重のイマジネーションから一重のイマジネーションの像へ、「鏡像の中の鏡像」から一つの鏡像の中へと変化していくとき、アルベルツス・マグヌスが言うところの「事物の中の世界」と変化していくのである。

このときイマジネーションはあと一歩で物質を生み出す直前にまで達する。けれども、ここで世界像とともにある人間が世界内部からその外部へ飛び出さない限り、決してこの物質への結晶化は生じない。「事物の中の世界」とは、眠りから目覚める前の、一重の夢の中の意識によって生じる世界である。

この「事物の中の世界」にある人間とは、世界像と一重の関係にあるので、その像と自己存在は完全に二次元面のように重なりあっている。どちらが世界像でどちらが自己存在であるかの区別が全く存在しない。世界像と自己存在がひとつなのだ。二重像の時には、膨大な意識のエネルギーの中にあって、その像はあたかも霧の中の像であるかのように、明瞭ではない。けれども一重像になったとき初めて像と像の間に存在するエネルギーの雲は抜け落ちて、明瞭な夢のような像の世界と自己がひとつに融合する。この時初めて、事物それ自体が言葉であるところの「事物以前の世界」から、発声行為を通してひとつの言語体系が浮かび上がってくる。

今日、私たちは自分自身に特定の「名前」を持っている。この「名前」は基本的に自分自身に対してのみ有効な言葉であり、その「名前としての言葉」は私の身体でひとつに結びついている。今日、名前だけから成り立つところの言語体系は、ほとんど消滅していると言えるであろうが、その残照は、多くの神話の中に残っている。

神話は、神々の名前に満ちているが、その名前はひとつの言語体系をなしている。そのような言葉を「神名言語」といえるであろう。名前は事物と一体であり、事物の本質の中から、声がカラダの中から生じるように母音、子音が結びつき重なり、一音節あるいは数音節の声として、現象してくる言葉である。このような神名言語は、しばしば古典劇の中で、登場人物が自分の意見を述べるときに、「神々の名において！」という言葉とともに発せられるが、神々の名前それ自体がすでにそこで生じている出来事そのものを表しているのだ。

「事物の中の世界」の言語とは像とカラダと声によって発せられる名前が結びついている。名前はしばしば名詞系の一種と考えられるが、神名言語における名前とは「動詞、形容詞、名詞が一つに結びついた声としての名前」なのである。例えば、『古事記』の神世に出てくる神名のひとつ「うましあしがびひこぢ」という名前は神名であると同時に、世界それ自体の成り立ちを表した発声言語である。神名言語体系の中では名前それ自体が、今日言う固有名詞とは全く離れて、世界全体の時空をその中に内包しながら、動詞・名詞・形容詞と呼ばれている語を同時に表す言語である。だから神名言語とは出来事や事物や人間や自然界全体に存在する個々の存在物に付けられ、その生成をあらわす声としての言語であると言えよう。そこでは一存在一言語である。すべての出来事がそれ独自の固有名を有している。

「事物以前の世界」の言葉が「事物それ自体」であるとするならば、「事物の中の世界」の言語とはその事物が自分の名前を、人間とともに自己発声している言語なのである。例えば、同じものが三つあるときに、その「みっつ」という言葉が「三」という概念を表しているのではなく、三つのものが形づくるところの形象につけられた名である。「事物の中の世界」においては、言語の中に「抽象性」が全く存在していない。すべて言葉が出来事と一体なのである。

物質的身体の出現

それから、世界と事物と名前と自己が一体である存在から、人間が自己だけを引き離す瞬間がやってくる。その時初めて人間は、世界から分離し、世界を外から眺めたのである。それを行う根本の動機とは、人間が自分の個体性に目覚め、自己を自我として主張した瞬間であり、世界像を外から眺めた瞬間であり、そのことによって、イマジネーションは物質に結晶化するのである。この瞬間はいわば世界存在の眠りの中から人間が一人の個人として目覚めた瞬間である。物質とは人間が個体に目覚めることを代償として得た世界の欠片、かけらなのである。そしてこの「目覚める」ことによって、人間はイマジネーションの本質から離れたのだ。もはや言葉はイマジネーションと一体ではない。言葉はひとつの出来事に張り付いて存在しているのではない。初めて言語は「概念」という抽象性を獲得したのである。このような世界を「事物後の世界」とマグヌスは名付けた。

世界には何千何万種という植物が存在するが、「事物の中の世界」にはそれぞれの名前がその植物に存在した。しかしもはや「事物後の世界」においては、植物は自分の名前を失う。その代わりに、何万種という植物は、「植物」という概念によって抽象化されたのである。事物後の世界とはすべての言語が事実性から離れて行き、コトバが事物から分離し、出来事から分離し、無限に実体性を失いつつ、言語自身が増殖し始めるのである。コトバは意識のエネルギーではなく、その時初めて「意味」を主張し始める。「事物の中の世界」において、「名前」は事物と一体である限りにおいて意味性を主張することはなかった。しかし、「事物後の世界」においては、すべて言葉は「意味」に還元されるようになったと言える。と同時にそのことによって、世界の中に何千種という民族言語が発生し始めたのだ。

1. 事物以前の世界
2. 事物の中の世界
3. 事物後の世界

この三つのカテゴリーは世界が人間とともに世界像を生み出しながら、イマジネーションを通して、物質世界を生み出すまでを表していると言えよう。今日あらゆる概念言語と結びついた「事物後の世界」における言語は、コトバそれ自体がもはや世界像を生み出す力や或いはイマジネーションを生み出す力を失いつつある。それは概念言語の限定性や意味性がイマジネーションを遥かに凌駕する力をもってしまったからである。

翻って未来の身体、未来の言葉を考える時、このアルベルツス・マグヌスの三つのカテゴリーを逆にたどることができるであろうか、という問いに言い換えることができる。例えば「太陽」という概念は、天空にいま輝いている太陽だけを指しているのではなく、この宇宙の中に存在する全太陽を指示する力があるから、概念言語たり得るのである。

もし概念言語が特定の太陽としか結びつけないとするならば、それは、概念言語の力ではなくて再び「事物の中の世界」におけるように特定の太陽だけを支持する「神名言語」になってしまう。人間が持っている概念言語は、地球上にいる人間には見たことはないかもしれないけれども、頭の中で予感し得る、宇宙に存在する「すべての太陽」に対して「太陽」という言葉を用いることができるから概念言語たり得ているのである。

しかし今日、この「太陽」という概念そのものに対応する存在はこの世界の中にはないと一般的には、考えられている。概念言語は宇宙の全体太陽を指すことができるけれども、それはただ概念が「これは太陽である」と抽象的に分類しているだけなのである。けれどももしも太陽が世界像が生み出したところのイマジネーションが結晶化したものであるとするならば、概念言語から再びイマジネーションの太陽を生み出すことができるはずなのである。この概念太陽から無限のイマジネーション太陽を創造することができるはずなのである。

けれども今日人間は、概念をそのような方向では考えなくなってしまった。概念はどこまでも抽象的なものであり、概念それ自体に対応する創造的世界があるとは考えられていない。なぜなのか。それは、「事物以前の世界」から「事物の中の世界」に変化した時に、コトバそのものは、世界像が持っている創造性ではなくて、そのうちのイマジネーションの力だけに限定されてしまったからであり、また、「事物の中の世界」から「事物後を世界」へ変化し、コトバが事物から分離し抽象的な概念だけになったのは、言語が身体性との結びつきを失ったことによってである。しかし、たとえ言葉が三つのカテゴリーによって創造性やイマジネーションの力を失っていたとしても、人間の身体そのものの中では、この三つのカテゴリーは失われていないからである。カラダそのものは、

事物以前の世界
事物の中の世界
事物後の世界

を保持し続けている。人間が「事物後の世界」において抽象的概念でしか言葉を用いることができないとしても、身体そのものは決してその抽象概念によって規定されているわけではない。人間は、食べた栄養分を寸分たがわず必要なところにその栄養分を送り届けることができる。この力はカラダが「事物以前の世界」を生きているからである。そうでなければ、人間はこの栄養配分のすべてを自分の概念言語を通して果たさなければならないであろう。

もう「嘘」という言葉は死語になった。

同時に「真実」という言葉も……。

＊

何故そうなったのか？

まぎれもなく、すべての人間が自分の言葉を自由に世界に向けて発信しうるようになったからだ。かつて世界に向けて言葉を発するとは、それに伴う責任あるいは集中した編集過程を通して可能であった。無責任に言葉を発することはしばしば法によって裁かれた。しかしＳＮＳ等の発信には、もはやそのような「責任」という縛りがなくなった。面白く、本当らしい嘘によって大衆感情が形成され、それによって世論をメディアが自由に形成し、さらにその世論を再編成して、政治的言辞が形成されるに至り、もはや「事実」と「コトバ」は完膚なきまで分離してしまった。

何が事実で何が真実であるのか一切判別がつかない。ニュースなのかフェイクニュースなのか、記録されたのか、されなかったのか、誰がそれを発言したのかさえ、判別がつかない。

このような時代をメディアは「真実後の世界」と名付けた。

「東日本大震災はアメリカのＦＢＩが太平洋にしかけた巨大爆破によってもたらされたものだ。断じて自然災害ではない。それは仕組まれた破滅行為である」

これが真なのかそうでないか、誰が判別しえようか。それがフェイクニュースであるなら、それを最初に世界に向けて発信した当の本人以外にはわからない。否、そのフェイクニュースを創作した当の人間はそれが事実かどうかはもはやどうでもいい。世界の人間にとってそれが「限りなくありそうな事実」と思え、それにより人々が興味を示し、さらにそれにより世論が形成されれば嘘は真実になる。事実は事実であるとはもはやだれも言えない。事実は常に捏造され、それに人間の感情が過剰に反応すれば、事実が生み出されるのだ。それを「オルタナティーフ・ファクト」と言う。

今日、すべてのものは経済原則と政治的政策の中で決定される。そして、この二つの原則を動かしているのは、もはや地球上において生じている事実や、それにともなう数字やイデオロギーではない。貨幣は数であらわされるが、貨幣と数そのものは分離した。かつて金本位制が消滅したように、貨幣にまつわる数は無限に操作された数である。人類は無限に明るく見える闇の中に突き落とされたのか。それがいかなる夢か、判別しえない夢の中にいる。

「真実後の世界」「オルタナティーフ・ファクト」の時代に政治と経済を動かしているのはイマジネーションである。そしてそのイマジネーションは「無限に本当らしい嘘」によって、貨幣経済も破綻せしめ、経済は利潤のみが自己目的となった。だから一国の経済が破綻しているのではなく、確かに世界経済そのものが破綻しているのだ。そしてその方が「イマジネーション政治」「イマジネーション経済」にとっては大衆を納得させてくれる。「アベノミクスの三本の矢」がどのような破滅に向かっているかは、当の本人も実はわかっていない。「アベノミクスの三本の矢」というイメージを形成する、その大本である事実と数がなんであるかを知ることが出来ないから。

この私たちを取り囲んでいるバーチャル政府、バーチャル経済、バーチャル国家を動かしているのは哲学的政治的真理でも、時代の中から形成された事実でもない。肥大した欲望によって動かされているイマジネーションの力である。トランプがアメリカ大統領になった時に、彼は反対勢力のリベラリスト達に次のように述べた。

「お前たちは政治に真実を求めたから破れたのだ。
リベラルな思想が世界を動かすと信じたから負けたのだ。
俺は真実と事実によって政治するのではない。
今までにない真実と事実だけを無限にイマジネーションの中から作り出すのだ。
自由に世界が生み出しているところのイマジネーションの力だけが政治を動かす」

かつてニーチェが「神は死んだ」と言ったとき、神が消滅したように肥大するイマジネーションが「真実」を殺したのだ。

今日、「イマジネーション」とは一体何か？　現今の政治経済にとってイマジネーションとは世論を自由に形成するために意図的に作り出されたものである。イマジネーションを形成するのは、拡大する人間欲、権力欲、支配欲によって生まれた「虚偽の事実」である。それによって政治と経済が、芸術の本質であるイマジネーションを奪ったのだ。しかしイマジネーションの本質とは虚偽にあるのではなく、歴史と共に現われた全物質現象を消去する力であり、消去することによって再び新しい世界像を創造することである。

＊

ここで「真実後の世界」を、アルベルッス・マグヌスの三つのカテゴリーに倣って考えてみるならば、次のように言えるであろう。確かに人間は、それ以前に「真実の中の世界」を生きていたであろうし、さらに、それ以前には「真実以前の世界」を生きていたのである。

神権制社会……………………………真実以前の世界
政治国家思想によって形成される社会……真実の中の世界
バーチャル社会…………………………真実後の世界

バーチャル社会、バーチャル政府がはっきりと「真実後の世界」（ポスト・トゥルース）として立ち現れてきたのはここ十数年来、さらに言えば、トランプがアメリカ合衆国の大統領になって以降のことである。それまでメディアによって作られる政治形態は今日ほど「真実後の世界」としては立ち現れてはいなかった。そこにはまだ以前の政治国家思想を通して何が社会の中において実現されるべき真実であるかが、右翼であれ左翼であれ、リベラルであれ保守であれ、ともに追求されたのである。

今日のフェイクニュースやオルタナティーフ・ファクトによって作られるイマジネーション社会はトランプ以降、新しい世界として立ち現れてきた。とりわけ大統領顧問を務めているケリーアン・エリザベス・コンウェイは捏造された事実、イマジネーションの力を最大限に用いて、トランプを大統領に仕立て上げたとも言える。この時代に求められるべきことは、イマジネーションの力そのものではなく、どのようにそのイマジネーションが立ち現れてくるのか、その形成の仕方に関わることなのだ。もはや私たちは、「真実後の世界」から再び、「真実の中の世界」あるいは「真実以前の世界」に戻ることはないであろう。ひたすら無限に生まれてくるイマジネーションを通して、社会を形成していくしかない。

一体イマジネーションの本質とは何なのか。

有名な話であるが、かつて戦前に共産党員として活動していた埴谷雄高は京都の方で獄中生活を送っていたが、何もすることがないので、毎日壁を見て暮らしていたという。その時に自分はイマジネーションの本質を悟ったというのだ。壁をじっと見ていると、そこから無限の像がイマジネーションとして壁の中から湧いてきたのだ。そのときにはっきりと、文学の主体は、自分ではなくて壁そのものである、と悟ったのだというのである。

イマジネーションとは、世界そのものに自分の席を譲り渡し、壁、すなわち世界がイマジネーションを提供したときに、初めて、創造的なイマジネーションの力が生まれる、それだけなのだ。イマジネーションが力を持つのは、イマジネーションの主体が自分から世界に変わった瞬間である。それ以外にイマジネーションが創造の力を持つことは、ないであろう。反対に、イマジネーションが人間の欲望と結びついた時、バーチャル戦争を通して、その果てに世界を破壊し尽くすであろう。

しかし今、真の戦争が始まっている。世界像から流れてくるイマジネーションと人間の欲望から流れてくるイマジネーションの戦争である。「世界像と一体となったところの身体」と「皮膚の内部に閉じ込められた身体」の戦争である。

◆**笠井叡**（かさい・あきら）

舞踊家。１９６３年に大野一雄に、翌64年に土方巽に出会い、舞踏家としての活動を始める。国内を中心に多くのソロダンス作品を発表し、１９７１年、天使館を創立。ここから多くの舞踊家が輩出した。１９７９年にドイツ留学し、オイリュトメウム・シュツットガルトで学ぶ。帰国後、様々なオイリュトミー公演を行う。94年に「セラフィータ」でダンス界に復帰。自身のソロ公演以外に、日本の舞踏、コンテンポラリーダンスを代表する舞踊家、世界のバレエ界を代表するＦ・ルジマトフなど振付ける。北米・南米・ヨーロッパ・韓国など、海外での公演活動を精力的に行う。

舞踏・モダンダンス・コンテンポラリーダンス・オイリュトミーなどのジャンルにとらわれることなく、舞踊家、振付家としても独自のクリエイティブな活動を続けている。

著書に『天使論』（現代思潮社）、『聖霊舞踏』（同）、『神々の黄昏』（同）、『カラダという書物』（書肆山田）、写真集に『銀河革命』（現代思潮社）、『透明迷宮』（平凡社）等がある。

第6章

切断

人間の条件?

〈無能な人工知能〉の可能性

アダム・タカハシ+高橋英之

本章の論点

技術と自然は見かけほど対立してはいない。むしろ両者は密やかな共犯関係を結んで人間の認識を取り囲み、「エージェント（行為者）」としての人間を産出しつづけてきた。人工知能が「知的エージェント」として理解されるのも、この人間の延長上に位置づけられているからだ。エージェントにはいつでも生産義務のような圧力がかかっている。

それに対して本論文は、一人が中世哲学の人文学研究者、もう一人が人工知能研究者という、二人の高橋による共著であり、人文科学と自然科学の接合点においてこの共犯関係を暴き出し、「エージェント」という見方を降りる／解除するための選択肢を模索する。「何も生み出さない無能なＡＩ」が可能だとすれば、それは環境的なアーキテクチャとして人間と協働する人工知能の新しい姿でもある。

はじめに

フランスの哲学者アンリ・ベルクソンは「意識と生命」と題する講演の冒頭で、本来問われるべき「根本的な問題」に直面するのを哲学者たちが避けていると述べた[1]。彼が考える「根本的な問題」とは「私たち人間はどこからやってきたのか。私たち人間とは何なのか。私たち人間はどこへゆくのか」といった問いである。ベルクソンによれば、哲学者たちは、そのような問いに答える代わりに、私たちの認識の本性やそのメカニズムを吟味する作業に逃げ込んでしまっているという。

ベルクソンの忠告にしたがい、哲学的に仮設された認識論的問題へと逃げこまないかぎりで、彼の言う「根本的な問題」への直面を私たちは新たに迫られている。いうまでもなく、それは本論集が主題とする「人工知能」(artificial intelligence)の理論的・技術的発展の影響によるものだ。近年、人工知能が人間の諸能力を超えると想定される「シンギュラリティ(技術的特異点)」(technological singularity)が広く話題となっている。論者たちは、その特異点が現実的に起こりうる、もしくはすでに起こりはじめていると言う。同時に、有能な人工知能の登場により、ある種の人間たちは不要になるのではないかといったことも、半ば脅迫的に喧伝されている。このような状況のなかで、これまで高度な精神的能力を特権的に享受する存在と思われてきた「人間」の地位が否応なく揺らぐことになった。それとともに、「人間とはなにか」という古典的な問いも、私たちの前に緊張感を帯びたものとして浮上しつつあるのだ。

では、上記のような状況のなかで、単に人工知能と競合関係にあるものとして、あるいはそれ

[1] アンリ・ベルクソン『哲学的直観ほか』池辺義教・坂田徳男・池長澄・三輪正・飯田照明訳、中央公論新社、2002年

とは端的に無関係なものとして人間を語るのではなく、「人工知能時代における人間本性」とでも表現できるものを考えることはできないだろうか。そして、そこで考えられた人間本性のあり方を踏まえつつ、新しい視角から人工知能と人間との関係についても検討を加えることはできないだろうか。本論は、これらの問いに対して、可能なかぎり一定の答えを探ろうとする試みである。

上記の目的のために、本論ではまず「自然」と「技術」という概念の古代ギリシア以来の対立を再考する。というのも、人間と人工知能という対の関係自体、この古代ギリシア以来の概念的対立のある種の再演であるように思われるからだ。次に、その議論をふまえて、では改めてこの時代に人間の本性や価値をどう規定していくべきかを検討する。人工知能をめぐる議論で前提とされているのは、それが人間と競合する「エージェント」(agent)であるという発想だ。感覚的・知的能力を有するエージェントとして人工知能と人間の両者を考えるかぎりで、それらの対立や競合関係がどうしても問題となる。それならば、エージェント性という前提自体をいったん括弧に入れることで、まず人間の本性を再考してみたらどうだろうかと議論を進める。最後に、エージェントとは別の仕方で規定された人間の価値を高めるような人工知能の可能性について、人間の経験の〈切断〉あるいは〈リセット〉を促す存在者という観点から考察を加える。

「技術は自然を模倣する」、あるいは人工知能と人間との差異と同一性

「自然」と「技術」の関係は、哲学の歴史のなかで、もっとも古くから議論されてきた主題の一つだ。両者の関係を考えるとき、繰りかえし言及されてきた常套句の一つに、アリストテレスに

帰せられる「技術は自然を模倣する」(ars imitatur naturam)という言葉がある(『自然学』第二巻第八章)[2]。ただし、この言葉の意味を正確に理解するのは、いっけん思われるより難しいかもしれない。というのも、とくに「自然」(natura/phusis)という言葉が古代ギリシアでもっていた意味は、私たちがその言葉で思い浮かべるものと同一ではないからだ(「自然」という概念の変遷については、コリングウッド『自然の観念』を参照せよ)[3]。自然という言葉は、アリストテレスによれば、もともとはそれ自身の力で生長する事物の生成の過程を意味していた。そこから、自然とは運動変化の起点となる内的な「原理」として考えられるようになった。したがって、その言葉は、今日そうであるように私たちを取り囲む自然環境全体のことを第一義的に意味するのではなかった。それは、この世界の事物がそれによって生み出されるところの原理そのものであり、動植物や世界を構成する元素も、それ自体が「自然」なのではなく、あくまで「自然によって」(phusei)存在するものだと見なされていたのである。同じく、「技術」(ars/technē)も、人工的な製作の原理となるものであり、たとえば、建築家が家を作るばあい、その人物の心の中にあり、動作の起点でありかつ目的となる家のイメージが技術に相当する。以上を簡単な前提とすると、「技術は自然を模倣する」という常套句は、人間の製作行為の原理となるものが、自ら生成する事物の変化の原理を模倣している、という意味だと理解される。

ただし、この「技術は自然を模倣する」という常套句は、その後の歴史においては、より広く、人工的な製作やそれによって生みだされた作品が自然現象を模倣するものであるという意味で解釈されることになった。たとえば、伝統的な学芸全般にたいして見解を整理したことで知られる12世紀の知識人サン・ヴィクトールのフーゴ(Hugh of St. Victor)(1096頃〜1141)は、「製

[2] アリストテレス『自然学』内山勝利訳、岩波書店、2017年

[3] ロビン・G・コリングウッド『自然の観念』平林康之・大沼忠弘訳、みすず書房、2002年

作者の諸作品は自然を模倣している。それら〔の作品〕が模倣する意匠において、それらはそれらの範型となる形相、すなわち自然を表現している」と述べた[4]。このフーゴの言及で重要なことの一つは、彼が当該の常套句によって、人工的な製作にたいして自然現象の方が規範的な役割を果たすと考えていたことだ。より簡単に述べれば、自然がモデルとしてあって、技術はそのコピーの関係にあたると彼は見なしていたのである。あくまで「範型＝モデル」としての役割は、「自然」の側に与えられていたのだ。こうして、モデルとコピーである関係上、通念にしたがって、自然的事物がより優れていて、技術的作品はより劣っているという価値判断も、この常套句には含まれることになった。

だが、この常套句は、もう一つ別のことも暗に意味していた。それは、自然現象が人工的な製作やその作品の論理を通して理解されているということだ。アリストテレスにおいても、自然とは、まさに建築家が家を建てるように、だがそれ以上に優秀な製作者として、この世界の諸事物を作り上げていく原理であると理解されていた。ゆえに、ある研究者はアリストテレスの自然概念は「製作者としての自然」であると述べた[5]。また、『形而上学』(第七巻)でも、人間の生殖過程が、家の製作過程に喩えられるかたちで説明されている例を目にすることができる。

アリストテレス以後も、私たちの身体を含む自然現象について語ることは、常にそれとは異なる人為的な製作やその作品の枠組みを通してなされてきた。この点を念頭に置きつつ、フランスの科学思想家ジョルジュ・カンギレムは「機械と有機体」という論考のなかで、次のように述べた。

「ひとはほとんどいつも、すでに製作された機械の構造と働きから出発して、有機体の構造

[4] Hugh of St. Victor, The Didascalicon of Hugh of St. Victor, trans. Jerome Taylor (New York: Columbia University Press, 1991, p.51)

[5] Friedlich Solmsen, "Nature as Craftsman in Greek Thought," *Journal of the History of Ideas*, 24 (1963), pp. 476-479

と働きを説明しようと努めてきたのであるが、有機体の構造と働きから出発して、機械の制作そのものを理解しようと努めることは稀である」[6]

ここでは「有機体」と「機械」となっているが、有機体を自ら生成するものの一つであると捉えれば、この二つは「自然」と「技術」の対のパラフレーズであると考えても良いだろう。過去の歴史を振り返れば、「風車」「時計」「映画」等の人工的な製作物を通して、私たちは身の回りの自然現象や生命について語ってきたのである。

私たちにとって重要なのは、ここまで述べた人工的製作およびその作品と自然現象とを入れ子状の関係で理解する試みが、人工知能をめぐる議論のなかでも実は反復していることである。その古典的な語り口の、より最新のバージョンの一つとして「人間の心はコンピュータである」というフレーズをあげることができる。「心の哲学」の研究の第一人者として知られる信原幸弘の説明によると、「心は適切にプログラムされたコンピュータである」という考えは、1956年の「ダートマス会議」で提唱されたという。[7] さらに現在では、人間の脳をニューロンの結合によるニューラルネットワークのシステムとして語る考え方が主流になっている。そのような見方によって脳の機能を語る理論を、一般に「コネクショニズム」と呼ぶ。だが、そのような近年の脳科学においても、「機械の構造と働きから出発して、有機体の構造と働きを説明しよう」という点で、古代からの伝統が再演されているように見える。というのも、信原がいみじくも指摘するように、「コネクショニズムに支持を与えるのは、現状ではむしろ脳よりも、人工ニューラルネットワーク」だからだ。[8] コネクショニズムの考えに立てば、人工知能は人間の脳を構成するニュー

[6] ジョルジュ・カンギレム『生命の認識』杉山吉弘訳、法政大学出版局、2002年、114～115頁

[7] 信原幸弘（編著）『シリーズ 心の哲学Ⅱ：ロボット篇』勁草書房、2004年、3頁

[8] 信原幸弘（編著）『ワードマップ 心の哲学』新曜社、2017年、234頁

ラルネットワークの工学的な再現だと考えられている。だが、そもそもそのような解釈が成り立つのは、脳の構造に対してニューラルネットワークという工学的なアイディアを適用しているからでもあるのだ。人工ニューラルネットワークという技術が最初にあり、脳は自然のニューラルネットワークであるという議論の循環がここにも認められる。

このような予備的な考察が私たちにとって重要な意味をもつのは、人工知能に対して哲学者たちが投げかけてきた古典的な批判の多くも、この奇妙なねじれを解くどころか、むしろねじれを強化するような役割を果たしてきたことを認識する必要があるからだ。よく知られている議論なので詳細は省くが、哲学者であるジョン・サールの「中国語の部屋」（＊１）の批判は、その典型例である。サールの議論は、古代や中世の哲学者たちが自然を技術的な語彙で実際には語りながら、なお自然にたいして技術には還元できない崇高さを付与した議論の、ある種の再演であるように見える。認知科学者のダニエル・デネットは、人工知能に対して批判的な哲学者たちを揶揄して、「哲学者たちはまるで自分たちが手品師の種を明かすプロの解説者」であると述べたが、[9] サールのような議論が自然と技術の入れ子状の関係に無頓着である限りで、デネットの指摘は軽視すべきではない。

以上の議論を経て見出されるべき視点の一つは、自然か技術か、有機体か機械か、もしくは人間か人工知能か、といった対で何かを見ることは、その対立項が前提としている共通項や前提を明らかにしない限り、ある議論のループの中に止まり続けることになってしまうということだ。少なくとも歴史的には多くの場合そうだった。したがって、人間の知能かもしくは人工知能かといった対立ではなく、そこで前提とされている共通項へと遡行することによって、その対立項そ

（＊１）
哲学者ジョン・サールの考案した次のような内容の思考実験。中国語を理解しない人を部屋に閉じ込めマニュアルを渡す。そのマニュアルには中国語に対する返答例が記載されている。その部屋のなかに中国語の書かれた紙を差し入れると、マニュアルにしたがって自然な返事が返ってくるので、部屋の外にいる者たちは中国語を理解する者が部屋の中にいると思い込む。しかし中にいる人はやりとりされた中国語の「意味」を理解していない。この部屋全体をコンピューターと考えると、マニュアルに従って返事をする人はプログラムに従って動くＣＰＵに相当する。コンピューターは「計算」するのみで、「意味」を理解しているわけではない。この思考実験によって、サールは「意識をもつ人工知能」（強いＡＩ）の可能性を否定することになった。

[9]
スチュワート・ラッセル＋ピーター・ノルヴィク（編著）『エージェントアプローチ　人工知能（第二版）』古川康一訳、共立出版、２００８年、９６２頁

れ自体を乗り越える契機がないか検討していくことが次の課題となる。

エージェント的であるとは別の仕方で

特に哲学者たちは「製作された機械の構造と働きから出発して、有機体の構造と働きを説明しよう」(カンギレム)とする一方で、「有機体」に「機械」を超える崇高さを付与しようとする。そこに奇妙なねじれが生じる。このことは、メディア論などを本来専門とするユージン・サッカーが『アフター・ライフ』[10]という著作のなかで、哲学者たちは「生」(life)について語るときに、常に「生とは異なる何か」(something-other-than life)をつうじて考察してきたと指摘していることにも関連するだろう。

私たちは、人間を人工知能と同じ一つの枠組みの中で考察する場合、往々にして、すでにその対立項が共通の前提とするものを受け入れることで人間をとらえてしまっている。自然と技術、あるいは人間と機械という対立項の設定は、その設定がなされた瞬間に、自然について、あるいは人間について語るべきことの範囲を制限するはたらきをもっているからだ。であるから、人工知能と人間という対立項の設定で前提とされている共通項を再考することで、この悪循環を逃れる道筋が重要となるだろう。

そのために人工知能の定義にいったん立ち返ることにする。スチュワート・ラッセルとピーター・ノルヴィッグの『エージェントアプローチ　人工知能(第二版)』では、人工知能が「環境から知覚し、行為を行うエージェント」であると端的に説明されている(同書、iii頁)。もちろん、人工

[10]
Eugene Thacker, *After Life* (Chicago: University of Chicago Press, 2010)

知能の定義はこれだけではないが、ある種の「能力」を持つ「エージェント」として語ることは、多くの人工知能研究者の共有するところだ(たとえば、松尾豊(編著)『人工知能とは』[11]における、現在第一線で活躍する研究者たちの諸定義を参照せよ)。そして、重要なことは、人間と人工知能とが対比されるときに、その対立項を支える共通項となっているのも、このエージェント的な性格であるように思われる。

こうして、人工知能と人間という共通項をかかえた対立項のループから逃れ、人間の価値を再定位するために、このエージェント性の問題自体を再考することにしよう。人間もしくは人工知能をエージェントとして捉える、もしくはエージェントであるから価値があるという発想は、必ずしも自明なものではない。そのアイディア自体は古くからあるとしても、あくまで西欧近代の知的伝統の中で支配的になったものに過ぎない。教科書的に表現すれば、封建社会において人間は「属性」で価値が判断されていたのに対して、近代社会ではその者が何をなしたのかという「業績」で判断されるようになった。このようにして人間が能動的に行為することで、その成果を通してその人間の価値が図られるという考えが近代以降一般化したのである。このような近代的な思想の端緒を、私たちは十七世紀イギリスの哲学者ジョン・ロック（１６３２～１７０４）の論述に見いだすことができる。

「たとえ地とすべての下級の被造物が、万人の共有のものであっても、しかし人は誰でも自分自身の一身については所有権を持っている。これは彼以外の何人も、なんらの権利を有しないものである。彼の身体の労働、彼の手の動きは、まさしく彼のものであると言って良い。

[11] 松尾豊（編著）『人工知能とは』近代科学社、２０１６年

そこで彼が自然が備えそこにそれを残しておいたその状態から取り出すものは何でも、彼が自分の労働を混じえたのであり、そうして彼自身のものである何物かをそれらに附け加えたのであって、このようにしてそれは彼の所有となるのである」[12]

自らの働きによって、その労働とその成果物を自分の所有物とすることができるという発想が、そこでは展開されている。人工知能を知的なエージェントとしてみる見方は、いうまでもなく、このような近代的な人間観の一つの帰結である。人工知能時代における人間、あるいは人間とともにある人工知能、そのような人工知能と人間との関係を考えるときに、両者はエージェントと考えられることで、多くの場合そこから導き出される考察も規定されてしまっている。であるなら、いったんそこに楔を打ち込み、エージェント的ではない人間や人工知能のあり方を模索してみたい。私たちがある種の知的能力を持った主体として存在していることは否定できない。だが、それだからといって人間の価値や人間から構成される社会のあり方までも、その観点を唯一の基準として考える必要はないのではないかということだ。

そこで、別の価値基準から人間の本性や価値を考察するために、社会学および生命倫理学者の立岩真也の仕事を参照したい。立岩は、私たちの社会が、人間を考える際に、次の二つの前提を組み合わせて理解していると述べる。[13]

①自分が生産したものは自分で取ることができる。
②自分がすること、できることが自分の価値である。

[12] ジョン・ロック『市民政府論』鵜飼信成訳、岩波書店、1968年、32～33頁

[13] 立岩真也『人間の条件　そんなものない』新曜社、2018年、86～87頁

この二つは本来異なっていることを語っているのだが、二つが統合されて一つの人間像を作り上げていると立岩は見る。対して、彼の中心的な論点は、ある主体が自分の精神や身体によって能動的に行為をした結果として、なんらかの成果物を得たとしても、その行為主体にその成果物の所有権は必ずしも帰属しないというものだ。このような立岩の考えの元になっているのは、自分の身体を通常の商品のようにその当事者の意志によって操作することへの違和感である。身体が自分の所有物だとしても、ある者が自分の臓器を切り売りして多数の人間を助けることには、かりにそれが多くの人々を幸福にするとしても私たちには抵抗がある。そこから彼は近代的な私的所有権と、それを前提として人間の行為とそこから導かれる業績によって人間の価値を測る枠組み自体にたいする再考を試みてきた。

近代的な私的所有の論理に対して、立岩は別の論理を提起する。彼は、ある人物固有のものではなく、分配の対象になるものについては交換しうるが、「その人が制御し、切り離し、譲り渡してしまいたいと思わないものについては、その人の存在を尊重するべきである」と述べる（前掲書、１３５頁）。つまり、能動的な行為の原因や所産として、あるものを所有する権利を認めるのではなく、むしろすでにある人物によって所有されているものが、その人にとって固有のものであり他者から制御しえないものであるなら、まずその人物が有しているものを奪ってはならない、と考えるのである。以上をまとめて、立岩は次のように述べる。

「他者が他者として、つまり自分ではない者として生きている時に、その生命、その者のもとにあるものは尊重されなければならない。それは、そのものが生命を「持つ」から、生命を意識し制御するからではない。もっと積極的に言えば、人は、決定しないこと、制御しないことを肯定したいのだ。人は、他者が存在することを認めたいのだと、他者をできる限り決定しない方が私にとって良いのだという感覚を持っているのだと考えたらどうか」

（前掲書、137～138頁）

この引用部につづいて、立岩はさらに「制御可能であるとしても、制御しないことにおいて、他者は享受される存在として存在するのではないか」と述べる（前掲書、138頁）。ここで示されているのは、人間が何かを行う、その行いの結果として何かを所有している、というエージェントの論理ではない。何かを行う前に、私たちは私自身も含めて制御できないものとして何らかの存在を享受している、その享受のあり方をまず肯定しようという考えだ。

立岩の議論を介することで、ますます有能なエージェントになろうとしている人工知能に対抗して、それを超える人間の能力（たとえば、人間の「意識」の特異性、など）を強調するのではなく、そのような議論で前提となっているもの（すなわち、エージェント性）自体を私たちは再考することになる。人工知能と人間はエージェントとして双方が語られるとしたら、それらは本質的に区別されない。もちろん、区別されないことは決して本来的に悪いことではない。しかし、そのことと人間の価値を人間のエージェント性に還元すべきかどうかは別の話なのである。自らの存在を享受する存在者として人間を考える、そしてそのような人間と関係する限りで人工知能を考える、そのような考え方も可能なのではないかということだ。では、そのような非エージェントとしての側面を重視しつつ人間の本性を考えた場合、それに対応する人工知能のあり方とはどのような存在になるのだろうか。最終的に考えたいのは、その問題である。

無能な人工知能と、人間の経験の変容可能性

人間の価値を存在の享受の観点から考える場合、そのような人間のありかたと関わる人工知能の存在が、より重要になるだろう。そのような人工知能、もしくはロボットの存在は、エージェントとして積極的に働くのではなく、人間を取り囲む環境、あるいは「アーキテクチャ」としての役割を期待されているように思われる。アーキテクチャとは、法学者のローレンス・レッシグによって広く周知された概念だ。[14] それは、たとえば、飲酒運転を抑止する際に、運転手に法の遵守を求めるのではなく、運転手が飲酒している場合自動車のエンジンがかからないようにするといった、環境の側から行為を規制していく制度を意味する（この説明については、濱野智史『アーキテクチャの生態系』の第一章を参考にした）。[15] ただし、アーキテクチャは単に違法な行為を禁止するために用いられるものではなく、人間の経験の可能性を広げる、あるいは経験の持続性を維持するために用いられることも可能だろう。

人間の経験の問題と関係して、エージェントとして自ら積極的に行為するものではない、アーキテクチャ的な人工知能のあり方を、本論の執筆者の一人である高橋英之は近年研究してきた（この節の以降の記述は、高橋英之の研究成果を改めて概説したものだ）。[16] 高橋の発想の源泉のひとつとなっているのは、ミヒャエル・エンデの『モモ』である。その物語の主人公である「モモ」は傾聴の達人であるが、彼女自身は空虚な存在であり、かつ聞いた話の内容について善悪の判断をしない。

[14]
ローレンス・レッシグ『ＣＯＤＥ――インターネットの合法・違法・プライバシー』山形浩生・柏木亮二訳、翔泳社、２００１年

[15]
濱野智史『アーキテクチャの生態系』筑摩書房、２０１５年

[16]
高橋英之他「ロボットを用いた自己開示促進システムの心理過程のモデル化」『行動科学』第57巻、第1号、２０１８年、47～54頁

にもかかわらず、彼女と対面した者の経験は明確な変容を遂げる。その「モモ」と同様のことが人工知能あるいはロボットによっても可能かどうかが研究の主題である。

そのような人工知能の可能性を示すために、高橋は人間の「自己開示」とロボットとの関係にかんする実験を行った。ここで「自己開示」(self-disclosure)とは、人間が自らの内面を他者に開示する行為を意味する。ただし、同じく自分の内面を語るという点でも、それは他者からの視線を意識して、自己についての肯定的な側面を語る「自己呈示」(self-presentation)と区別される。対して、「自己開示」の方は、社会的にあるいは論理的に不整合なもの、ネガティブなものを含めて「自らの内面」を語ることを意味する。

これらの定義自体については再考の余地はあるだろう。だが、いったんこの定義を受け入れたうえで話をすすめる。「自己開示」と「自己呈示」とを区別する際に、上記のように自己にとってネガティブなものを語るか否か、つまり自己愛的な自己像をそのまま肯定的に吐露するのか、それともそれを否定し客観的な視点から自己に対して反省的に言及するのかが指標となる。そこで、高橋は、ある人が誰かと対面するとき、その二つのどちらの態度が採用されるかを実験した。

前提として、近年の心理学の実験によれば、コンピュータやアバターを介して問診を行うと、人間の医師などが直接問診を行うよりも、患者のより深い自己開示が引き出されるとする実証例が示されている。それを踏まえて高橋は、「人間の女性」、「人間の女性の姿をしたロボット」、「小型のロボット」の三つと人間が対面した時に、どの対象にどのような自分の内面を開示するのかを実験した。その実験によると、ポジティブな内容については人間相手に開示する傾向が強い一方で、ネガティブな内容になるとロボットを相手にする傾向が見られたのである。つまり、自己開示は人間相手よりも、ロボット相手の場合の方により多く見られたということだ。

　この実験で興味深いことは、このロボットがエージェントとして積極的に何かを行うのではないことだ。まさに「モモ」のように、それ自体は空虚でありながら、にもかかわらず話し手の自己開示を促しているところにポイントがある。そのロボットは、人間の悩みを聞く存在として、人間が自己開示を行う「場」もしくは「環境」の生成を促していると表現できるだろう。そこでは、人間が自己の存在を受け入れる、そのような享受を促す環境的な人工知能のあり方が見えてくる。

　もう少しこの研究成果の意味を敷衍しよう。この自己開示をめぐる実験で真に問題となっているのは、おそらく私たちの経験のあり方そのものである。そこで人工知能あるいはロボットは何かを積極的に働きかけているのではなく、人間が自己愛的な自己像に対して、一つの切断線を入れる契機となっている。あるいは、人間の「経験をリセットする」（河本英夫）[17]役割を人工知能が担うと見ても良いだろう。実際、高橋は、ロボット研究者である石黒浩との共同研究によって、「外部から特定方向への価値観のバイアスを与えずに、被験者自身で考えさせ価値観を変容させる」人工知能の可能性を探っている。[18]人工知能が積極的に何かを行う有能なエージェントしてはたらくのではなく、むしろそれ自体は無能な状態で人間と協働するあり方が議論の対象となっているのだ（このような人工知能もしくはロボットを、高橋は「地蔵」と称している）。人間の経験がある部分で動かしがたく部分最適に陥っているような状態のなかで、人間の経験がより持続可能なものとなるように、人間が自ら気付きを得る場を生成させる環境的な人工知能の存在が問われているのである。

[17] 河本英夫『経験をリセットする——理論哲学から行為哲学へ』青土社、2017年

[18] 高橋英之・石黒浩「ロボットを用いた自己の外部投影による行動変容のモデル化」『人工知能学会全国大会論文集』、2018年、3頁

おわりに

人工知能が人間の能力を超えるあり方はすでに現実化しつつある。その際に、人間の価値をより卓越したエージェントとして語ることは、人間の価値を高めるどころか、むしろ多くの場合人間を「劣った人工知能」として語ることになりかねない。とするならば、私たちはエージェントとしての人間や人工知能を語る枠組み自体を再考する必要があるのではないか、と本稿では議論を進めた。最後に提示したのは、人間の自己愛的な像に切断線を入れ、ある種の人工的な撹乱を引き起こすことで、その者の経験を変容させるような人工知能の可能性だった。

この論考を書き上げる段階で、私たちは、今述べたような人工知能と人間の関係は、いわゆる「里山」のそれと近いのではないかと思い至った。河本英夫が「人工的里山」という論考[19]で述べたように、野放しの森林では、植物の多様性は失われ、荒れ果てた状態で低位安定状態に至る。対して、里山では断続的にそこに人が介入することで、植物の多様性が維持される。「自然」なのは、あくまで野放しの森林の方であるが、しかしそこは巨木により占拠され多くの植物は排除された場所となっている。自然なのか人工的なのかという対の無意味さは、このような事例を考えたときにも当てはまる。自然の植物の多様性を維持できるのは、そこに人工的な介入がある場合で、自生した巨木による占拠等が抑制された場合なのである。

たしかに、本論では、人間と人工知能の双方の非エージェント性を強調したので、森林に対して人間がエージェントとして関与する里山の事例と本稿の議論は等しいものではない。だが、里山において、個々の植物が多様性を保ったまま全体が持続するあり方は、ロボットが特に何をす

[19] 河本英夫「人工的里山」(山田利明・河本英夫・稲垣諭(編著)『エコロジーをデザインする――エコ・フィロソフィの挑戦』春秋社、2013年、336〜349頁)

るわけでもなく介在することで、個人の経験が自ずから変容するあり方と近似的であるように思われるのである。

◆**アダム・タカハシ**

東洋大学文学部哲学科助教。慶應義塾大学文学部卒業、同大学大学院修士課程修了、オランダ・ラドバウド（Radboud）大学大学院博士課程修了（Ph.D.）。専門は西洋中世・ルネサンス自然哲学史。特に、アラビア哲学の受容が西欧の自然・宇宙観の展開に対してどのような影響を与えたのかに関心がある。

主要論文に、「アリストテレスの宇宙を解釈する：アヴェロエスの読者としてのアルベルトゥス・マグヌス」（Interpreting Aristotle's Cosmos: Albert the Great as a Reader of Averroes）（ラドバウド大学博士論文、２０１７年３月）、「熱、天の力、自然発生：アルベルトゥス・マグヌス『気象論』第四巻における物質的実体の生成について」（『中世思想研究』第59巻、２０１７年９月、17～30頁）など。

◆**高橋英之**（たかはし・ひでゆき）

大阪大学大学院基礎工学研究科特任講師。専門はヒューマンエージェントインタラクション、ヒューマンロボットインタラクションの認知科学、神経科学的研究。HAI2010

Outstanding Research Award最優秀、２０１４年度日本認知科学会第２回野島久雄賞、２０１８年度情報処理学会山下記念研究賞など受賞。

主要論文に、Takahashi, H., Ban, M., Osawa, H., Nakanishi, J., Sumioka, H. Ishiguro, H., Huggable communication medium maintains level of trust during conversation game., Frontiers in Psychology, 8, 2017,1862.／Takahashi, H., Terada, K., Morita, T., Suzuki, S., Haji, T., Kozima, H., Yoshikawa, M., Matsumoto, Y., Omori, T., Asada M., Naito, E., Different impressions of other agents obtained through social interaction uniquely modulate dorsal and ventral pathway activities in the social human brain, Cortex, 58, 2014/09, 289-300. などがある。

第7章 偶像

労働力としての人工知能

あるいは知性・人間・シンギュラリティ

松浦和也

本章の論点

「人工知能（ＡＩ）」という語には最先端のテクノロジーが未来を先取りする希望のイメージがまとわりついている。このイメージを今一度取り外して、「人工知能は何を可能にするのか」と冷静に問い直すことが必要である。そうすると私たちは「人工」以前にそもそも「知能」とは何かという問題へと導かれる。これは古代より哲学を主戦場とし、今なお明示できない問いのひとつである。

本論文は今ここにある現実に足をしかと接地したまま、浮き足立つ人工知能市場に対して批判の眼差しを向ける。それは奇しくも「知は力なり」と述べたフランシス・ベーコンのイドラ（偶像）の再演となり、その成り行きを確かめることが本論の賭け金である。

種族のうちの人工知能

すでに20世紀に「人工知能」という語は世間を賑わせたことがあったが、２０１０年以降の人工知能ブームはやや趣が異なるように感じられる。コンピュータの処理能力が莫大に向上し、生物の神経の特性と構造をシミュレートするいわゆるニューラルネットワーク技術が発展することによって、人工知能は画家のタッチを模した絵を描くことができるようになったり、画像から人物を見分けることができるようになったり、囲碁のチャンピオンに勝利し、あまつさえコンピュータ同士で対局することで、自身をさらに強化することすら可能となった。

だが、このような現状を前にして、それらが社会に不安定をもたらすのではないか、という危惧も増しているように見える。かつて産業革命期に熟練労働者から労働を機械が奪ったのと同様、人間から大部分の仕事、特に「知性」が求められる類の人間の仕事を、熟練のための学習が短期間ででき、複製も可能なうえに、人間以上の速度と正確性を持つ人工知能が奪うのではないか。そして、人間の知性が人工知能の「知性」にとって代わられることによって、人工知能が人間を支配するのではないか。

このような漠然とした不安に面し、本論が目指すのは、人工知能をめぐる今日の喧噪の裏側にあるアイディアに批判的な評価を構築することで、その不安を少しでも軽減することにある。

とはいえ、この目的を果たすことができるのは、本来であれば人工知能の専門家である。患者を前にして新しい手術方式や処方方法が安全であることを真に説明できるのは、人文学者ではなく、他でもない医者である。同様に、社会不安を軽減できるのは、人工知能の専門家が最もふさわしい。それゆえ、本稿で行おうとしていることは、無知な者が知ったかぶりをして語る「おべっか」であり、ソフィストの真似事である。しかし、人工知能の専門家は、このような社会への影響、とりわけ負の影響をあまり語りたがらない。というのは、人工知能の技術的限界、言い換えれば人工知能は何ができないかは未だ明確ではないばかりか、人工知能の限界を語ろうとすることは、この技術に対する人々の夢と社会の期待を冷まし、研究業界全体の評判を貶めることにもなりかねないからである。人工知能は何でもできるし、人間を代替することも、人間を超越することもできる。このように夢を語ることは、世間から研究に対し肯定的評価を得るための手段だろう。

もちろん、人工知能について、筆者を含めた非専門家が何かを発言することは可能である。ただし、その発言の誠実さを少しでも増すためには、せめて本論が「人工知能」という語で何をイメージしているかをここで明示しておくべきであろう。さしあたり、本論は人工知能を、人間の知性を模するためのコンピュータ上で動作するアルゴリズムおよびそれを補佐するデータ群であると理解している。

しかし、この理解が不十分で不明瞭であることは、筆者も自覚している。ただし、「人工知能」という語に満足のいく説明を与えることは難しい。その理由として次の三点を挙げておこう。第一に、この領域の専門家が誰もが同意するような、この語の定義があるわけではない。「人工知能」はこの種の技術群に対応する語としては相応しくない、という見解すら専門家の一部から表明されることもある。明らかに知的に振る舞わないものを人工知能と呼ぶことには違和感を覚えるだろう。あるいは、「知能」や「知性」が計算する能力を本質的に含むとみるならば、一般家庭にある電卓も人工知能に分類されることになる。上記の理解に即せば、電卓も人工知能の一種ということになろう。第二に、何かが「人工知能」と呼ばれるためには、特定の構造や特定のアルゴリズムを有することが条件とはなっていない。たしかに、ニューラルネットワークは2010年代を代表する技術ではある。だが、この構造を組み込まなくても人工知能は成立しうる(とはいえ、かつて「ファジー」が流行したように、簡素なアルゴリズムであるにも関わらず、広告宣伝のために「人工知能」と呼ぶこともある)。そもそも、人工知能に関連する技術は、爆発的速度でアップデートが進行している分野のため、人工知能の本質と見なしうるような特定の技術やアルゴリズムを定めることは困難であるし生産的でもない。しかし、そうであるなら、上述の理解は内実を欠いたものになる。第三に、すでに人工知能は市場に出回っているが、人工知能に固有な目的があるわけでもないため、目的論的観点から人工知能に共通の理解を得ることも難しい。人工知能には、人間と会話する、部屋の温度を調整する、飛行機を操作するなどのさまざまな目的が求められている。上述の理解では、人間の知性を模することを特色としたが、実際にはその特色がなくても人工知能と呼びうる。ゲーム会社であるナムコが開発した名作「パックマン」において、モンスターを動かすアルゴリズムは初期の人工知能のひとつに数えられることがあるが、この人工知能の目的はゲームのプレイヤーを楽しませることにある。しかし、モンスターの動きが人間を模したものであるわけではないだろう。

人工知能の理解が厄介な理由はそれだけではない。ゼンマイ巻のおもちゃやラジコンと異なり、人工知能は人間が行うべき判断や決断も担わせることができるような自律性が期待されている。しかし、自律性とはいかなる性質かを説明することは困難である。また、知性が仮に人間固有のものだとしたら、知性の発現は生物が有する有機的構造の上に実現しているため、実際に存在する知性は肉体や、感覚、感情といった人間が持つ他の要素と結びついてしまっている。しかし、人工知能は専ら知性だけを再現することが可能であり、むしろ人間が持つ他の要素を再現するには別個の技術を付加しなければならない。つまり、人工知能はこれまでの既存の技術や自然物と類比させて把握できるような対象でもないのである。

「知能」や「知性」といった語は明確な定義を持たない上に、それを再現する手段も多様であり、人工知能と呼ばれる対象も、技術革新の最先端で変化しているため、必然的にその概念自体に曖昧さを残さざるを得ない。それゆえ、本論の考察もまた、曖昧さを残さざるを得ない性格のものである。

劇場のうちのシンギュラリティ

人工知能やビッグデータによって、労働環境と社会構造がどのように変化し、どのように対処するか、という種の問題が論じられる際、「シンギュラリティ」(singularity) あるいは「技術的特異点」という言葉が枕詞であるかのように頻繁に用いられる。シンギュラリティが到来しつつある今、われわれはどのような社会制度や法律を作るべきか。シンギュラリティに備え、どのようなスキルを身につけるべきか。シンギュラリティは、われわれの知識や技術の概念をどのように変容させるか。シンギュラリティの後、われわれ人類にはいかなる価値があるか、等である。また、この語は、シンギュラリティを実現するための新しい技術である、といったように、研究機関や企業が広報するときに用いられることもある。

しかし、この語が実際のところ何を意味しているかはよく分からない。この語が流行する発端のひとつとなったレイ・カーツワイルの『ポスト・ヒューマン誕生――コンピュータが人間の知性を超えるとき』[1]によれば、この語は数学や物理学の用語を技術的発展の説明に適用したものであり、彼以前にもフォン・ノイマンがこの語を使用し、それに基づきSF作家らがこの語に基づいた議論をしている（カーツワイル、前掲書、35〜38頁）。しかし、この語に明確な説明を彼は与えてはいない。「テクノロジーが急速に変化し、それにより甚大な影響がもたらされ、人間の生活が後戻りできないほどに変容してしまうような、来るべき未来のこと」（同前、16頁）という説明は内容がない。「テクノロジーの急速な変化や、甚大な影響」の内実こそ説明すべきことだからである。

ただし、シンギュラリティに至るまでに達成せねばならないことは、複数の項目が挙げられている。いくつか挙げると、人間の知能を完全に模倣できること、人間の知能の長所と機械の長所を結合できること、機械がネットワークを通じてあらゆる知識にアクセスし、共有できること、人間の脳が必然的に有する生物学的限界を機械が超越すること、その結果、技術革新を機械自身が行うことができることである（同前、40〜43頁）。また、シンギュラリティを達成した後には、ナノテクノロジーを利用することで逆に人間の知能を向上させることもできるし、環境汚染すら解消できるし、さらには宇宙全体に知性が飽和するようになるようである（同前、44〜46頁）。

このような構想を見ると、どうやらシンギュラリティとは、それまで人間が主に担ってきた技術革新を機械が自動で勝手に、かつ人間よりも早い速度で進行させることが可能となる事態のこ

［1］レイ・カーツワイル『ポスト・ヒューマン誕生――コンピュータが人間の知性を超えるとき』井上健監訳、NHK出版、2007年

とらしい。もし、このような事態が発生するのであれば、なんと素晴らしいことであろうか。筆者がわざわざ苦悩しながらこの原稿に向かわなくとも、人工知能が勝手に原稿を書いてくれるのだから。しかし、そうなってしまうと、私という存在はこれまで以上に社会に必要とされなくなってしまうだろう。このような不安から、およそ知的、肉体的を問わず、労働や仕事を取り上げた後に、人間には何が残るのか、というような実存的問いが発生するのも、自然なことであるように思われる。

昨今において、この手の議論が空想上の問題ではなく、早急に取り組むべき課題として扱われがちなのは、このような事態が西暦２０４５年には生じると前掲書が主張していることにある。しかし、シンギュラリティがいつか現実化するか否かではなく、シンギュラリティが２０４５年に到来するという予言が、どの程度信頼に足るのかを検証すべきであろう。その検証のために注目すべき論点は、前掲書がその予言の正当化のために挙げた複数の論点のうち、技術的進化が加速しているという主張であろう。

カーツワイルはまず、壮大な歴史的図式を提示する(同前、27〜34頁)。ビッグバンから始まり、ＤＮＡを持つ生物が生まれ、さらに脳を持つ生物が誕生し、人間の手でテクノロジーが作られた。そして、シンギュラリティを迎えつつある今、人間が持つ知識とテクノロジーが融合し、その後、宇宙が知的に覚醒する。この図式の説明の中で、かつてトマス・クーンが『科学革命の構造』[2]の中で提唱し、後に撤回した「パラダイム」を援用しながら、パラダイム・シフトの頻度が指数関数的に増加し、それにかかるまでの時間もどんどん短くなっていると主張する。この主張を正当化するために、カーツワイルは生命の誕生から、パーソナル・コンピュータに至るまでの生物の

[2]　トーマス・クーン『科学革命の構造』中山茂訳、みすず書房、1971年

進化とテクノロジーの進歩の対数グラフを挙げている。

しかし、この対数グラフ内部で挙げられている生物進化とテクノロジー進歩の事例を見ると、それがいかなる基準で選定されているのかが良くわからない。文字や車輪の発明は確かに人類の進歩のうちで重要な契機である。だが、同様の契機であるはずの火の使用の開始はこのグラフから除外されている。また、印刷や実験的手法は確かに科学の発展に大きく寄与したテクノロジーである。だが、その基盤である紙や、化学と数学さらには算術も除外されている。

さらに奇妙に思われることは、対数グラフの最後にコンピュータとパーソナル・コンピュータが挙げられていることである。もちろん、大型コンピュータから個人が所有できるパソコンへと至るため過程には多くの技術レベルでの進歩が必要だったが、基本的にはコンピュータを構成する部品をいかに集積化するかが課題であり、その技術的進歩はいわば連続的な量的変化である。この意味で言えば、シンギュラリティへの道筋を支えるためにしばしば言及されるムーアの法則も量的である。

しかし、対数グラフで挙げられているその他の進歩、たとえば絵画から農業へと至る過程は、量的変化ではない。いくら絵画を精密に描いたとしても、そこから農業が発生することはなさそうである。すなわち、この過程は連続的ではないし、変化ですらないと言ってもよい。このように見ると、テクノロジー進歩の事例は、対数グラフを作るために恣意的に選ばれているのではないか、という疑義が生じる。もちろん本人はこの疑義を否定しているが（カーツワイル、前掲書、32頁）、その否定の根拠を提示しておらず、疑念をはぐらかしているようにしか感じられない。

また、シンギュラリティに到達する際に、人間の脳をリバースエンジニアリングし、コンピュータにその構造を代替させ、次いで人間の脳をスキャンし、その構造をコンピュータにアップロードするというプランが提示されている（同前、１６４〜２４８頁）。仮にそのプランによって、人間の知性をコンピュータに移し替えることが可能だとしても、そのスキャンの技術がどのように可能となるのか。カーツワイルは脳をスキャンするためのナノボットが２０２０年代の初めには可能となると主張するが（同前、２４４頁）、それがどのような構造を持ち、どのようにコンピュータにアップロードするのかを説明していないし、それを実行するための基幹技術を紹介すらしていない。それゆえ、少なくとも前掲書を読む限りでは、脳のアップロードが２０２０年代後半に始まるとは信じがたい。

また、シンギュラリティという発想の源は、人間の「知性」をコンピュータ上で再現できれば人間の生物学的限界を超えて「知性」を発現できる、というアイディアにあろう。しかし、シンギュラリティを達成するためにアップロードすべき脳はどのようなものであるかも説明されていない。しかし、それは少なくとも、一般的な人間の脳では意味がなく、想像力を発揮し、課題を解決するような優れた天才的知性の持ち主の脳でなければならないだろう。しかし、そのような知性がどのようなもので、誰が持っているのかは考察されていないし、そもそも人類に大きく貢献するような技術的革新をもたらしたことのある人間が、それ以降も同じ技術的革新を続けていくだろうという保証もない。

このように、パラダイム・シフトにかかる時間が指数関数的に減少しているという主張も、脳をアップロードするというアイディアの現実性も、肝心の個所の説明が欠けており、どうやら眉唾物である。それゆえ、この主張に基づく２０４５年にシンギュラリティが到来するという予言も、相当に怪しい。

このシンギュラリティの概念は、言葉ひとつで世界のブームを作り上げた成功事例であり、その意味では素晴らしい広告である。シンギュラリティがもたらす期待と恐怖を、科学的装いを纏わせつつ世間に流布すれば、市民の関心と投資をこの種の情報技術とその周辺に呼び込むこともできる。もちろん、シンギュラリティが予言の時までに実現するか否かは分からない。それは天気予報がどれだけ進歩したとしても、明日カエルが降ってくる可能性を否定できないのと同様である。まだ有名になっていない大天才が人類の歴史を大きく変えるような技術革新を明日起こす可能性は、たとえわずかであっても、ゼロではない。

しかし、その予言の実現可能性は、天気予報が明日の天候を予言する程度よりもはるかに低そうである。もし、シンギュラリティが２０４５年までに起こるという予言が、明日カエルが降ってくる程度の実現可能性しかないのであれば、シンギュラリティによって社会がどのように変化していくか、人間の生がどのように変革するか、あるいは変革せざるを得ないかに頭を悩ませるよりも、現状の技術を見据え、その延長線上に社会的課題を見つける方が生産的である。

本節の最後に、筆者からひとつ予言をしておこう。２０４５年までにこの概念がもたらした喧噪が研究対象となり、「シンギュラリティとは何だったのか」と題する論文が一つ以上公表されるだろう。この予言は、２０４５年にシンギュラリティが発生するという予言よりも、現実味があると筆者は断言できる。いざとなれば、筆者自身が書けばいいのだから。

洞窟のうちのチューリングテスト

機械が「知能」を持つか否かという点で、ほとんどの人工知能の専門家は「知能とは何か」を問うことをしない。彼らをこの哲学的問いから解放する装置は、アラン・チューリングが有名な論文'Computing Machinery and Intelligence'で表明したイミテーションゲームである。[3]このゲームは、しばしばチューリングテストの名で呼ばれる。

このテストの概要を確認しておこう。チューリングの「イミテーションゲーム」は、回答者の性別を当てるゲームである。すなわち、男性A、女性B、質問者Cがおり、Cは、顔の見えないAとBに質問をし、紙に書かれた彼らの回答からどちらが女性（あるいは男性）であるかを推察する。もし、Aが質問者Cを騙すことが成功し、Cが誤ってAを女性だと判断したらAの勝利である。

このイミテーションゲームにおけるAをコンピュータに変えたものが、チューリングテストの土台となる。すなわち、同様のゲームでコンピュータが質問者Cに、コンピュータが人間であると質問者Cに誤判断させることに成功したならば、コンピュータの勝利である。そして、このゲームを複数回行い、質問者Cの誤答の頻度が、回答者2名が人間であった場合と同程度であれば、そのコンピュータは考える能力を持つ、あるいは知性を持つと見なしうるのではないか。このような形で考える能力あるいは知性の有無を診断するのがチューリングテストである。

このチューリングテストを機械にクリアさせることは、人工知能の研究者にとって、特に言語処理を扱う研究者にとっては目標のひとつである。もし、このテストをクリアするような言語処理のアルゴリズムができれば、人間と変わらぬ会話が機械を通じてできることになるからである。

[3] Turing, A. M. 'Computing Machinery and Intelligence.' *Mind* 49. 1950.

さて、チューリングテストの特色は複数挙げうるが、やはり「考える」とは何か、知性とは何か、といった哲学的な問いを捨象できることが最大の利点であろう。つまり、人工知能が知性を持つ基準を、知性の定義に照らし合わせた診断ではなく、人間の目から見てそのアウトプットが知性的に感じられることに求めることができる。たしかに、「知性とは何か」という問いは、哲学者にとっても言語学者にとっても応答することが困難なものであろう。一方、チューリングテストをクリアするような人工知能から出力された言葉は、人間による言葉と見分けがつかない。さらに、それに人間らしい外見を付け、人間らしく運動する能力を付加すれば、そのロボットは人間と見分けがつかないだろう。

しかし、チューリングテストにはすでに多くの批判があり、本論もそれとは別の観点から疑念を提示したい。

次のような「イミテーションゲーム」を想定しよう。第一の部屋にはゴッホの真作の絵が二つあり、第二の部屋には、ゴッホの真作と、贋作がひとつずつある。この部屋に一人ずつ回答者を招き入れ、意地の悪い質問をする。

「この二つの絵のどちらかだけが本物のゴッホの絵です。では、本物はどちらの絵でしょう」

この質問に回答者はどのように回答するだろうか。回答者がゴッホに明るい人であれば、第一の部屋では回答者は困惑しながら、どちらかを選ぶだろう。第二の部屋では、自身の持つゴッホに関する知見を駆使し、それなりの確率で真作を選ぶであろう。絵画を中心とした芸術史に深い造詣を持っている美術史学者や、その真贋を判定することを生業とする専門家であれば、第二の部屋では確実に真作を選ぶ一方で、第一の部屋では質問者の意地悪に感づき、文句を言うであろう。しかし、まったくゴッホに明るくない一般人が部屋に入ったときは、おそらくは第一の部屋でも第二の部屋でも、くじを引くような感覚で回答を選択するだろう。

以上の絵画のイミテーションゲームからは複数の論点を導出できる。すぐに提示できる論点は次のものだろう。美術史学者や鑑定士も欺いた贋作は、彼らが解答を誤った、あるいは第一の部屋同様に文句を言ったという理由で、ゴッホの真作と見なしうるのだろうか。おそらくそうではない。ある絵画がゴッホの真作であるための条件は、その絵画がゴッホ自身によって描かれたことだからである。

同様に、チューリングテストでは、判断者を欺いた人工知能の出力は、質問者Cが解答を誤ったという理由で、知性によってもたらされた出力であり、それゆえその人工知能は知性を持つと見なしうるのだろうか。むしろ、知性の有無を判断するための条件がチューリングテスト以外にも存在するのではないだろうか。ただし、この論点はチューリングテストに対する批判としてはあまり機能しないだろう。なぜなら、「知性とは何か」に対する誰もが認めうるような解答は見当たらないのだから、そのような条件が存在するとは信じがたいからである。

むしろ、本論が強調したいのは次の論点である。絵画のイミテーションゲームにおいては、回答者の予備知識や素養によって、誤答率の変化が予想される。しかし、チューリングテストの質問者Cはいかなる人間なのだろうか。「知性」という語を初めて知った子供が質問者を務めるならば、その結果は、絵画のイミテーションゲームにおける一般人と同じような結果がもたらされるだろう。しかし、その結果ゆえに、そのコンピュータは知性を持つと診断することはばかげている。むしろ、チューリングテストとは、コンピュータが知性を持つか否かを見分けるテストである限り、その判定者たる質問者Cは知性に関してある程度の理解を伴っていなければならない。

このことは、チューリングテストが持つ暗黙の言語観を明るみに出す。すなわち、あらゆる人間は語を適切に理解し、使用しているという言語観である。もちろん、日常語については、この言語観は妥当だろう。「りんご」や「かばん」といった語の日常的使用に、使用者間の重大な齟齬は見られない。しかし、専門語は必ずしもそうではない。たとえば、「ブラックホール」という語の理解は、市井の人間と物理学や天文学を熟知した人間の間にはギャップがあるだろう。

そして、知性という語も日常語ではなく、むしろ専門語である。この語は、古代ギリシア語のνοῦςを軸としながら、文化と思想の変遷の中で様々な側面から意味と意義を与えられて、現在に流通している。それゆえ、「知性」という語は専門語でありながら、多様な要素を含んでいる。「知性とは何か」の問いに答えることが難しいのは、この語が日常語だからではない。歴史的背景を多様に含まれた語であるがゆえに、それぞれの専門家が異なる見解を有するからである。言い換えれば、たしかに誰もが認めるような知性の定義は明らかではないが、それでも知性という語は一部の人間にとっては明瞭なのである。

チューリングテストへの批判として、ジョン・サールが提起した「中国語の部屋」（＊1）が有名だが、この批判も「知性」の理解の仕方に関わると思われる。少なくとも知性は、男性が女性であるかのように受け答えができるという言語能力に留まるものではない。つまるところ、チューリングテストは「知性」を定義するという難問は回避したが、そもそも知性という語に関する臆見がすでに内在しているのである。

また、チューリングテストに合格することは、コンピュータにこの意味での知性の有無を判断

（＊1）164頁の注1を参照。

する基準になるかもしれないが、シンギュラリティに求められる知性の有無を判断する基準にはなりえない。質問者Cがシンギュラリティを信奉しており、彼／彼女にとって知性とは新たな技術を開発し、問題を解決する能力のことだとしたならば、チューリングテストの成否は新たな技術を開発し、問題を解決する能力の発現によって判断されることになる。

もちろん、知性の厳密な定義は困難であるし、それを求める哲学的探究が人工知能の専門家に必須だとは思われない。しかし、それでも人工知能のデザインの前に知性とはどのようなものかを考えることは有益である。というのも、その回答がデザインの基礎的発想となるならば、想定されるその多様な回答は、技術的な問題解決にもきっと意義ある道を切り開く可能性があるからである。

市場の中のヒト

人工知能に纏わるトピックとして、人工知能やそれを搭載したロボットが、人間から労働や仕事を駆逐するのではないか、という懸念について述べておこう。

この懸念に対しては、経済学的観点からいくつかの反応がありうる。ロボットがすべての人間の労働を代替してくれるのだから、人間の雇用は失われ、かつての産業革命期のように失業者が街にあふれかえる、と社会の不安定を警告する主張の方向性もある。他方、楽観的に言えば、そのような社会不安は一時的なもので、むしろロボットがすべての人間の労働を代替してくれるのだから、人間は真の意味で解放される、と主張することもできる。もし、労働は生きるために行わざるを得ない苦痛に満ちた活動であるならば、そこからの解放は人間を享楽に満ちた生活へといざなうであろう。別の観点からは、人工知能は「知的」活動が得意なのだとすると、かえって人工知能やロボットが人間を支配することになると警鐘を鳴らすこともできるだろう。

このような事態をもたらす革新的技術がいつか実現するか、それとも妄想に留まるか、という問題は筆者には縁遠いものの、次のことは指摘しておくべきだと思われる。

長期的な市場原理から見れば、人工知能が人間を代替するためには、人工知能のほうが人間よりも性能がいいという理由だけに基づくのではなく、成果に対する人工知能の運用コストと人件費を比べたときに前者のほうが安価で効率的である場合である（もちろん短期的に見れば、集客の手段としてたとえばホールスタッフをロボットに任せることはあり得るだろう）。もし、人工知能やロボットの維持費が人間一人を雇用するよりもはるかに高価であれば、その労働の担い手は人間であり続けるだろう。では、人工知能技術はどの程度のコストがかかるのか。

２０１６年に人間のトッププロに勝利したとして有名になったGoogle傘下のDeep Mind社が開発したAlpha GOの場合、バージョンでは１２００個以上のcpuと１７０個以上のgpuを載せたシステム上で動作する。もちろん、それ以降のバージョンアップや、google社の独自cpuの開発を通じて、改良されてはいるが、動作させるだけでも相当な電力、小さな町一個分の電力を消費すると言われている。これは価値観の問題となるが、町一個分の電力を消費することと、トッププロのゲームに勝利することとは、どちらの方が社会的意義と経済的価値があると言えるのだろうか。

自動運転車も、エネルギーの問題からは逃げられない。自動運転を達成するには、リアルタイムで車の周囲全体を常に監視するための一般的な家庭のデスクトップパソコン以上のスペックを持つ高性能なコンピュータを搭載し、車内車外に多数のセンサーを備えたうえで、それらを移動の間中動かす必要がある。一般道で満足のいく動作を期待するには、一般家庭のブレーカーの上限いっぱいの電力が要求されるものすらある。もちろん、自動車をコンピュータが操作することによって、人間が操作するよりも走行にかかるエネルギー消費は少なくなるかもしれないが、それ以上にコンピュータにかかるエネルギーが消費されるのであれば本末転倒である。このような資源消費の問題に、もちろんシンギュラリティを信奉する人は技術革新が省エネをもたらすと主張するだろう。しかし、２０１８年現在においてそのような技術革新は達成されていないし、今後も達成できる確信は誰も持ちえない。

また、このような人工知能と人間を比較すると、労働する主体としての人間の利点が明らかになる。Alpha GO は確かに人間のトッププロよりも強いかもしれない。しかし、囲碁のプロに求められる仕事はそれだけではない。たとえば、プロ同士の対局の解説をすることも、アマチュア相手に指導碁を打つことも求められる。しかし、Alpha GO は現状、勝つことしかできない。指導碁を打つためには、指導対象の棋力を一局限りのその場で推測する必要があるが、そのような推測はラーニング型の人工知能にとっては苦手分野である。というのは、指導のための適切な手を打つためには学習のデータが必要であるが、そのデータは一度きりの対戦で得られるものではないからである。それゆえ、人工知能は、接待のために、対戦相手と接戦を演出することは難しい。それに対し、人間は勝利することもできれば、適度に負けることもその場で判断し、挑戦できるのである。

自動運転車においても問題となるのは、学習することが困難な状況への対応である。たとえば、竜巻に遭遇したとき、人間であれば竜巻からできるだけ離れるように自動車を操作するだろう。しかし、自動運転車が竜巻から逃げるようになるには、少なくとも竜巻を画像認識するためのデータがあり、その竜巻から距離を置くように動作するよう学習させる必要がある。

このような日常的状況からの例外は沢山ありそうである。たとえば、信号機が故障したとき、誘導通行人から交通整理をしている警官を適切に識別し、その手の動きの意味を適切に理解し、に従うように動作できるのだろうか。最大の疑念は、このような例外をすべて網羅するような自動運転車システムを構築することはできるのだろうか、ということである。このような情況に対応するには、おそらく恐ろしく大量のデータと冗長なアルゴリズムが必要であり、かつそれぞれが内部で齟齬を起こさないように整理されていなければならないだろう。それに対し、人間のドライバーは、もちろん判断を誤ることもあるが、状況を見て適切に判断することができるはずである。

つまり、人工知能を労働力としてみたとき、たしかに人工知能は早く、正確に、しかも長時間活動することができるが、そのパフォーマンスが発揮されるのはある限られた状況においてである。それに対し、人間はおよそ人間に期待されることはほとんど達成することができる。穏当に言えば、次のような診断を下すことが妥当だと思われる。労働力として人工知能が人間を凌駕するのは、データ収集のため、膨大な試行回数が可能でありかつ例外が少ない領域において、活動するためのコストが人間を雇用するよりも安価である場合である。たとえば、危険で人間が立ち入ることができない環境における単純労働は、人工知能やそれを搭載したロボットの活躍が期待される局面である。

つまり、ここ数年の技術状況を筆者が見る限り、市場原理がむしろ人工知能から人間を守るのではないかと感じている。われわれがスマートフォンを持つように、気軽に人工知能を購入し、労働の代替をさせるような状況は起きそうにない。

最後に人工知能をめぐる昨今の騒動を前にしてわれわれは次のように問うべきかもしれない。

「人工知能は何の役に立つのか」

このタイプの問いは哲学を標的にして古代ギリシアの時代から問われ続けてきたが、哲学はせいぜい一人の人間の人生をダメにするぐらいの害悪しかない。しかし、人工知能は多くの投資がすでになされ、これから社会実装した後も多くの資源を浪費し、社会構造のラディカルな変革を強いるという点で、その害悪はより広範な人間に関わる。それゆえ、この問いは、新たな技術の煌めきに目を奪われがちなわれわれの生に即して根本的に問われ、応答されるべき問いではないかと思われるのである。

（本稿は RISTEX 研究開発プロジェクト「自律機械と市民をつなぐ責任概念の策定」による研究成果の一部である）

◆**松浦和也**（まつうら・かずや）

１９７８年、大阪府生まれ。東京大学文学部卒業、東京大学大学院人文社会系研究科修了。博士（文学）。東京大学大学院人文社会系研究科助教、秀明大学学校教師学部専任講師を経て、２０１８年より東洋大学文学部哲学科准教授。

専門はアリストテレスを中心としたギリシア哲学。主要業績に『アリストテレスの時空論』（知泉書館）がある。また、国立研究開発法人科学技術振興機構（JST）社会技術研究開発センター（RISTEX）「人と情報のエコシステム」（HITE）研究領域において、「高度情報社会における責任概念の策定」（企画調査・２０１６年度）、「自律機械と市民をつなぐ責任概念の策定」（研究開発プロジェクト・２０１７〜２０２０年度予定）の研究代表者を務め、哲学的考察を媒介にして、科学技術と市民、社会を円滑に結びつけるための研究開発活動を行っている。

第8章

調停者

〈ネクスト・レンブラント〉作品鑑定の方法論と真のレンブラントをめぐる旅

古川 萌

本章の論点

いつの時代も芸術品の真贋についての議論は尽きない。２０１６年に「ネクスト・レンブラント」という、人工知能によって「レンブラントらしい作品」を作り出す試みが開始された。レンブラントはすでに、一人の生きた作家であることを超えて、多くの歴史の細部にタグづけられた「記号」である。彼の生涯や性格、作品のモチーフ、筆さばき、絵具の載せ方、助手や弟子たちとの共同作業、あるいは弟子のみによる創作、それら全ての事柄が「レンブラントとは誰のことか？」という問いの周囲を埋め尽くしている。

美術史研究者の古川萌による本論はそうした歴史的文脈の中で、レンブラントの新作という不可能なものの出現が図らずも「レンブラントの実像／虚像」を新たに構築し直さざるをえない局面を切り開いてしまうことを示唆する。

はじめに――「ネクスト・レンブラント」のレンブラントらしさ

２０１６年４月、「レンブラントの新作」を標榜するある絵画が発表された。とはいえ、もちろんレンブラント(Rembrandt van Rijn)（１６０６〜１６６９年）は17世紀オランダの画家なので、もう新作を制作することはできない。新たに発見された未発表の作品というわけでも、だれかレンブラントに非常に近い画家による模倣作というわけでもない。それは、オランダの金融機関であるＩＮＧとマイクロソフトがスポンサーとなり、デルフト大学の研究者たちによって開発された、人工知能による作品である。この「ネクスト・レンブラント」と呼ばれるプロジェクトは、レンブラントの絵画作品のデータを読み込み、そこからこれらの作品をレンブラント作品たらしめている要素を抽出し、それを使って新たなレンブラント風の絵画を制作しようという試みなのだ。[1]

公式ウェブサイトにも詳しく解説されているように、レンブラント作品の分析の結果、「最もレンブラントらしい」主題は肖像画であるとされた。モデルは30〜40代のコーカサス系白人男性。白のレース襟がついた黒い衣服を身にまとい、控えめな髭をたくわえ、向かって右側を向いている。模倣されているのはイメージのみではない、さらなる真実らしさの演出のために、絵画は3Dプリンターによって凹凸が加えられ、まるで本物の絵筆によって描かれたかのように作られている。

また同年夏には、横浜のそごう美術館にて、「レンブラント　リ・クリエイト展」と題された展覧会が開催された。展覧会の基本的な目的は、レンブラント作品の

The Next Rembrandt
公式ウェブサイトより

[1] Next Rembrandt, the, 〈https://www.nextrembrandt.com/〉, accessed December 1, 2018.

高精細な複製画を展示し、作品を通してその画業をふりかえりながら、複製技術の進歩を示すことであった。しかし、とりわけ目玉作品であったレンブラントの代表作《夜警》においては、現在の状態をただ複製するのみならず、切断されて今はすでに消失した部分までもを複製の範疇に含め、「描かれた当時の姿」を再現することに注力している[2]。

上記の二つの試みは、ともに近年発達したテクノロジーを用いて実現された新しいプロジェクトや作品である。だが、両者ともにその新しさのみを注視しようとすると、そこで問われている本質的な問題を取り逃すことになりかねない。というのも、それらのプロジェクトは、ある芸術作品がレンブラントの真なる作品であるか否かという論点が、いったい何によって、あるいは誰によって判断されるのかという極めて古典的な問題に対する新たな応答として見ることができるからだ。

もちろん、ある美術作品が真作なのかそうではないのかといった問題は、レンブラントだけに限定されたものではない。だが、レンブラントの作品の真贋の確定がより困難なのは、よく知られているように、彼が弟子やアシスタントを使った工房での量産システムを確立しており、レンブラントの「真筆」を見極めるのが非常に難しいからだ。また、一枚の絵画のなかでも、ある部分はレンブラントが描いていても、ほかの箇所は弟子や助手によるといったような、共同制作も頻繁にみられる。なかには、弟子が描いた作品をレンブラントが上から修正した、というような例もあるのだ。さらに事態をややこしくすることに、レンブラント作品の多くは、その注文の状況を裏付けるような一次資料が残っていることが極めて少ない。こうしたさまざまな問題を認識しながら、美術史家たちはつねに「真のレンブラント」を求めて残された作品と格闘してきたの

[2] エルンスト・ファン・デ・ウェテリンク『レンブラント』メアリー・モートン訳、木楽舎、2016年

である。[3]

こうして、過去の歴史において「真のレンブラント」を確定しようとする試みは論争を交えながら繰り返されてきた。では、そのような過去の試みと比較して、AI技術を用いた「ネクスト・レンブラント」の企画の新しさはどこにあるのだろうか。本稿では、まず「ネクスト・レンブラント」が発表された際のある美術批評家の発言を糸口として、芸術作品の真贋を作家の伝記的な情報との関連で判定しようとする過去の見方を論じる。次に、それを前提とした上で、作品自体を注視することで真正性を確定しようとした19世紀末以降の美術史の立場とそこで用いられた技術を紹介したい。本稿では、この美術史の伝統の上に特に「ネクスト・レンブラント」の企画を位置付けることで、その新たな意義を論じることにする（レンブラントの作品概説としては［4］を参照）。

レンブラントの生涯と作品の結びつき

２０１６年に「ネクスト・レンブラント」の成果が発表されると、多くのウェブメディアがこの試みを取り上げ、その精巧な出来に感嘆した。ニュースはSNSを駆け巡り、「レンブラントAI」は人々の称賛を浴びた。しかしながらこの新たなレンブラント作品が、称賛と同じくらい、あるいはそれを上回るほどの困惑をもたらしたのも事実だ。

イギリスの美術批評家ジョナサン・ジョーンズが『ガーディアン』誌に寄せた文章は、そのような困惑と拒絶の感情を端的にあらわしているだろう。彼は、「デジタル・レンブラント：愚か者によって作られた、美術をあざ笑う新たな方法」と、不快感を露わにして題された記事のなか

［3］
尾崎彰宏『レンブラント工房——絵画市場を翔けた画家』講談社選書メチエ、１９９５年

［4］
熊沢弘『レンブラント——光と影のリアリティ』角川文庫、２０１１年

で、次のように書いている。

「いかなる人であれ、またいかなる物であれ、レンブラントの人生を生きることによってのみ、レンブラントの芸術の創造を望むことができる。レンブラントによって愛人ヘンドリッキェの肖像にこめられた人間性を、どうしたらコンピューターが複製することができるのか？そのためにはまず、彼女とベッドに入らなくてはならないだろう。それに、疫病、貧困、老齢、そのほかあらゆる人間的経験を経なければならないだろう。それこそがレンブラントをレンブラントたらしめ、彼の芸術を彼の芸術たらしめているのだから」[5]

ジョーンズの極端な物言いは、半ば意図的に読者の「ネクスト・レンブラント」に対する拒絶の感情を煽り立てようとしているように思われる。とはいえ、ここでレンブラント作品が彼の人生なしには成立しないと記述されているのは興味深い。アルゴリズムによって生成された画像を、魂のこもっていない美術作品だとみなしてしまう裏側には、いわゆる「人間性の発露」なるものが、作品にあらわれているべきだという根強い信条があるだろう。このように、ある美術作品と芸術家との関連を、作家の人生そのものから探ろうとする立場は、一般的に珍しいことではない。そして、それはレンブラントの作品の真正性をめぐる論争の中でも、後に記すように、たびたび現れてきた立場なのである。

レンブラントに限らず一般的に、ある美術作品が真の作家性を体現しているとどのように確定できるのか。その問いに対しては、作品それ自体に含まれる情報だけではなく、作家本人および

[5] Jones, Jonathan, "The digital Rembrandt: a new way to mock art, made by fools," *The Guardian*, April 6, 2016 〈https://www.theguardian.com/artanddesign/jonathanjonesblog/2016/apr/06/digital-rembrandt-mock-art-fools〉, accessed December 1, 2018.

その周辺の歴史的史料が判断材料となる。その際の史料とは、注文書の文言であったり、またあるいは個人の日記であったりとさまざまだが、特に芸術家についてよく参照されるのは、伝記における記述だろう。

ただし、伝記も、さらに限定して言えば芸術家と同時代の著者によって書かれた伝記ですらも、厄介な問題を抱えている。というのも、伝記は必ずしも真実をそのまま伝えるものではなく、時として著しい誇張や創作が交じるものだからである（レンブラント伝の19世紀における再解釈については［6］を参照）。それは当該人物のある特徴を際立たせるためのレトリックである場合が多く、歴史家はそうした虚実入り交じる伝記を細心の注意を払って読まなくてはならない。そのような伝記の中で美術史上もっとも重要なものの一つは、イタリアの画家・建築家・著述家ジョルジョ・ヴァザーリの『芸術家列伝』（初版1550年、第二版1568年）であろう。この『芸術家列伝』は、芸術家たちの伝記をはじめて体系的かつ包括的に記した点で特筆に値するが、その伝記記述が現実をどれほど正確に描写しているかをめぐっては、今もなお議論が続いている。

さらに伝記の扱いが注意を要するのは、そのような書物の中で芸術家が必要以上に道徳的な存在として描かれる傾向があるからだ。芸術家の伝記には、一人前の芸術家になれるよう日々努力する若い読者に対し、どのように振る舞うべきかの教科書となるよう、さまざまな教訓譚が含まれている。そうした生涯の記録は、しばしば作品そのものと関連づけて理解される。たとえば、初期ルネサンスのイタリア人画家フラ・アンジェリコ（1390頃～1455年）の宗教画の淡白な色彩と単純な形態は、画家自身が信心深い修道士であったことと短絡的に関連づけられがちだ。また、マニエリスム期の同じくイタリアの画家ヤコポ・ダ・ポントルモ（1494～1557年）

［6］
McQueen, Allison, *The Rise of the Cult of Rembrandt: Reinventing an Old Master in Nineteenth-Century France*, Amsterdam University Press, 2003.

の描く、実際の人間ではありえないほどに歪んでねじれた人体は、画家自身の陰鬱で非社交的な性格と結びつけられるだろう。

このような芸術家の伝記的事実と作品との関連性は、レンブラントとその作品をめぐる論争でもしばしば問われてきた。その最も極端な例として挙げられるのは、ドイツの独立研究者マックス・ラウトナーが1891年に発表した『レンブラントとは誰か？』という著作だろう。この全体で450頁以上に及ぶモノグラフのなかで、著者のラウトナーは極めて衝撃的な主張を展開した。というのも、彼は、それまでレンブラントの真筆と考えられていた作品の多くが、じつは彼の弟子であるフェルディナント・ボルの手になるものであると主張したのだ。ボルに帰されるべき作品のなかには、名高い《夜警》や《織物商組合の幹部たち》といったものも含まれる。このセンセーショナルな本は、美術史学界隈のみならず、新聞や一般誌でも活発な議論をもたらした。[7]

ラウトナーのこの「発見」は、彼がドレスデンの絵画館でフェルディナント・ボルの作品を鑑賞したところに端を発する。ボルの《ヤコブの夢》を見たラウトナーはいたく感動して、このような絵画を描くことができる画家は、さぞかし重要で道徳的にも高潔な人物だったのだろうと想像したという。このようにしてボルに興味をもったラウトナーは、この画家についてもっとよく知るために、レンブラント周辺のほかの作品も積極的に鑑賞するようになった。

そうして鑑賞を続けるうちに、ラウトナーはある日、レンブラントのものとみなされていた「F.R.」というサインが、じつは「F.Bl」であると「発見」し、これはボルのものに違いないという確信を得る。ラウトナーはこれを機にさまざまなレンブラント周辺作品を観察し、次々とボルの隠されたサインを見つけることとなった。また、こうした観察と並行して、ラウトナーはアーカイヴ

[7] Scallen, Catherine B., *Rembrandt, Reputation, and the Practice of Connoisseurship*, Amsterdam University Press, 2004.

の資料にも目を向け、レンブラントやボルの生涯や性格について調べ始めた。というのも、彼は真に気高い人物のみが、素晴らしい絵画を描くことができると信じていたからである。

ラウトナーによるレンブラント身辺調査は、思わぬ結果をもたらした。レンブラントは、同時代の資料によると、高潔な人物にはまったく思われなかったのである。資料のなかのレンブラントは、欲深く浪費家で、パトロンにも妻や父にも横柄な態度だった。1枚の絵で500ギルダーという大金を稼ぎながら、なぜか破産に陥っていた。これらの調査結果を得たラウトナーは、これらの素晴らしい絵の数々は、この資料にあらわれる「レンブラント」とは異なる人物によって描かれたのだろう、そしてそれはさしずめボルだろう、と結論したのだ。

こうした主張が可能となったのは、ひとえにラウトナーが素晴らしい人格と素晴らしい作品とを分かちがたく結びつけていたからにほかならない。作品こそはその創造者の人生や人格を凝縮したものであり、その「人間性」が作品そのもののなかにあらわれるからこそ、その作品が素晴らしいものになるのだ、という考え方である。

ラウトナーの「発見」は、次節でより詳しく紹介するヴィルヘルム・フォン・ボーデをはじめ、レンブラント研究者の多くから厳しい批判を受けた。ボーデの同僚だった美術史家アブラハム・ブレディウスは、現在レンブラント作品とされているものの中にボルの作品が交じっている可能性については認めつつも、レンブラントを過剰に非道徳的な人物として描写したラウトナーを強く非難している。また彼は、ボルが実際には非嫡出子であり、ラウトナーが主張するほどに高潔な人物ではなかったことも付け加えた。

さらに、美術史家コルネリス・ホーフステーデ・デ・フロートもまた、ラウトナーが《夜警》

に関する最新の調査結果について無知であることを指摘している。アーカイヴ調査においても、作品の詳細な観察においても、《夜警》はレンブラント以外の何者の作でもないことが証明されているると、ホーフステーデ・デ・フロートは反論した。

ラウトナーの打ち立てたレンブラント＝ボル説はもろくも崩れ去った。だが、彼が示した立場、すなわち美術作品の帰属をめぐって、作品と芸術家の生涯とが密接に関わるものだと考える態度は、先に触れた「ネクスト・レンブラント」に対する批評家の論評の中でも展開されていたことは注意されなければならない。つまり、画家の生涯と作品とを結びつけるラウトナーが示した態度を、単に過去のものとして嘲笑するわけにはいかないのだ。

では、その作家の生涯など伝記的な事実は踏まえるとしても、作品の「レンブラントらしさ」、あるいは「真のレンブラント」性は、他にどのような手段によって確定されるものなのだろうか。いうまでもなく、それは作品自体の分析を通してである。レンブラントの場合、本稿冒頭でも触れたように、作品周辺の歴史的資料が少ないだけに、なおさら作品それ自体の分析が重要となる。次節では、まさにこの観点から作品鑑定の「科学的手法」の歴史を簡単に振り返りつつ、「ネクスト・レンブラント」の役割をより正確に位置付けることにしたい。

「知的で偏見のない調停者」としてのテクノロジー

「ネクスト・レンブラント」の企画以前から、オランダでは「真のレンブラント」を正確に確定しようとする試みがこれまでもなされてきた。そのなかでも特筆に値するのは、オランダ政府の主導により、1968年に同国の美術史研究者5人からなる研究グループによってはじめられた「レンブラント・リサーチ・プロジェクト」である。この研究グループの目的は、膨大な量におよぶレンブラントの作品群にメスを入れ、どれがレンブラントの真筆で、どれが他の画家の手になる作品なのか、はっきりと見極めることにあった。最初の報告書は『レンブラント絵画集成』として1982年に出版され、そこでは、レンブラントのものと目される作品群が、三つのカテゴリー、すなわち真筆とみなされるカテゴリー、判断を保留せざるを得ないカテゴリー、そしてレンブラントの弟子・助手作／周辺作／贋作とみなされるカテゴリーに分類された。[3]

レンブラント以外の画家で、ある一人の芸術家の作品を見極めるために、政府が主導して大きなプロジェクトが立ち上がったことはない。レンブラント・リサーチ・プロジェクトの存在自体が、レンブラント作品の真正性にまつわる熱狂を象徴的にあらわしている。前節でも触れたように、レンブラント作品は、その注文状況が明らかとなるような歴史的資料に乏しい。それゆえに、作品自体の特徴から真作か否かを判断する試みが重要になってきた。そして、当然その判断基準の策定には、より客観的な指標が必要とされるだろう。では、その際の客観的な基準とは何か。そのことを理解するために、19世紀から続いてきた真作同定の「科学的手法」に関する論争を参照したい。

レンブラントの作品をめぐる近代的な鑑定作業がはじまったのは、19世紀の終わりのことだった（17世紀における鑑定については［8］を参照）。というのもこの時期に、レンブラントに限らず美術の鑑識眼についての議論が白熱し、何をもって「科学的」な鑑定が可能であるか、熱心にかつ広く論じられたからである。

［8］Tummers, Anna, "'By His Hand': The Paradox of Seventeenth-Century Connoisseurship," *Art Market and Connoisseurship: A Closer Look at Paintings by Rembrandt, Rubens and Their Contemporaries*, Amsterdam University Press, 2008.

１８７０年、ドイツの美術史家にしてレンブラント研究の第一人者ヴィルヘルム・フォン・ボーデは、ある書評を発表した。それは１８６８年に出版された、批評家カレル・フォスマールによるモノグラフ『レンブラント：生涯と作品』を評するもので、そこでボーデはフォスマールのアトリビューションや制作時期の同定に疑義を表明している。

驚くべきことに、ほかの論者が提示したアトリビューションについて、公の場で美術史家が論じることは、この時期まだ珍しかった。美術館によって明示された情報に反論することはあっても、研究者を名指しで批判することはなかったのである。そしてここから、「真のレンブラント」をめぐる長い旅が始まることとなったのだ。[7]

残念ながら、ボーデがレンブラント作品の鑑定方法を理論化して発表することはなかったため、彼がどのようなプロセスを経てレンブラントを見極めていたのか知ることはできない。しかしながら、ボーデは別のところで美術の作品鑑定に関する議論を展開していた。ちょうどその頃、スイスの医師にして美術史家ジョヴァンニ・モレッリが、有名なモレッリ法を真に科学的な美術鑑定法として提唱したのである。ボーデの議論はこれに真正面から立ち向かうもので、二人の鑑定に対する態度はまさしく正反対といってよい。論争はレンブラントではなくイタリア・ルネサンスの作品を中心に展開するが、この議論を通してボーデの鑑定観を把握することが可能となるだろう。

モレッリの提唱する「科学的」な作品鑑定の方法とは、おおむね以下のようなものである。いかなる絵画も、その画家に特徴的な細部に目を向けることにより、真贋を見極めることができる。それはとりわけ画家が描くときに特段の注意を払わない細部、たとえば人物の耳や爪の形、また風景の詳細などにあらわれる。複数の人物を描こうとするとき、画家がそれぞれの人物の耳の形や爪の形をわざわざ変えて描くことはないだろう。したがって、こうした共通する特徴的な形を見出すことにより、その作品が本当に当該の画家によるものなのか、あるいはまた別の画家によるものなのかを、見極めることが可能となる。

こうしたモレッリの考え方には、比較解剖学者ジョルジュ・キュヴィエの影響がみられる。キュヴィエは1912年に、いかなる生物でも、その内部構造の各部分はたがいに連関していると主張する論文を発表していた。彼によると、十分に研究が進んだならば、ある標本のたった一本の骨を調べただけで、解剖学者たちはその標本の全体を再構成することができるようになるというのである。この考えに共鳴したモレッリは、絵画においてもまた、細部を入念に調査することで、全体について知ることができると考えた。

このようなモレッリ式の鑑定法は一見きわめて画期的なようにも思われるが、じつはこれ以前にも同様の言説を確認することができる。たとえば、すでに17世紀にはフィレンツェの美術鑑定家フィリッポ・バルディヌッチが、鑑定の鍵となるのは「タッチの流暢さ」であるとしている[9]。すなわち、画家が理性に基づいて意図的に引いた線や色彩ではなく、ただ手の赴くままに描いた痕跡こそ、画家のコントロール下にないために、まさしく個性が出てしまう場所なのであり、作品鑑定の際にはここに着目すべきというわけだ。同時代のヴェネツィアの画家・著述家マルコ・ボスキーニもまた、画家のコントロール下にない絵筆の筆跡を積極的に評価し、こうした制作における身体の動作の痕跡を、画家の個性が最もあらわれる場所とした[10]。

モレッリの提唱した鑑定方法の新しさとは、むしろ、作品にあらわれる兆候以外の要素を一切

[9]
Spear, Richard E., "Di Sua Mano," *Memoirs of the American Academy in Rome*, University of Michigan Press, 2002, pp. 79–98.

[10]
Sohm, Philip, "Maniera and the Absent Hand: Avoiding the Etymology of Style," RES: *Anthropology and Aesthetics*, No. 36, 1999, pp. 100–124.

排除したところにあるだろう。彼は作品にあらわれているもののみが信頼に足る情報源であるとし、伝統的なアトリビューションや伝記的情報、またときにはアーカイヴから発見された史料までもを考慮すべき範囲から外したのである。

ボーデはこうしたモレッリの主張に対して、表現の一部のみ、それも形態のみに着目するようなやり方は、非常に危険であると反論した。作品は形態のみによって成り立っているのではなく、色調、衣紋の描き方、絵具の載せ方、顔料や支持体といったさまざまな情報が鑑定には必要なのであり、それに加えて史料から得られる情報も併せて考えて、はじめて信用に足る鑑定が可能となる。「各芸術家の、これらすべてのさまざまな詳細を観察することにのみ、正しい『実験に基づく方法』があるのだ」と書いているように、ボーデにとっては、こうしたあらゆる情報を駆使して検討する方法こそが「科学的」だったのだ。

モレッリはボーデとの和解が不可能であることを悟り、「われわれが同意できないあらゆる点について、この仕事に適任の、知的で偏見のない調停者の決定を参照する」しかないとまで述べている。しかし、「知的で偏見のない調停者」とは誰だろうか。そもそも、そのような者が可能なのだろうか。

歴史的に振り返ると、この「知的で偏見のない調停者」の役割を担ったのは、新たに出現したテクノロジーだったといえるかもしれない。現在の作品鑑定においては、美術史家の目や資料調査のみならず、20世紀になって可能になった科学調査による結果がおおいに反映されている。X線写真や紫外線写真を使用した調査は今でこそ当たり前のものになっているが、こうした科学の力を借りた調査がレンブラント作品の鑑定に利用されるようになったのは、1920年代になってからだった。

たとえば、化学者アーサー・ピランズ・ローリーは、拡大鏡を取り付けたカメラを開発し、レンブラント作品の詳細部分を取り上げて、その表面の拡大写真を撮影した。彼によれば、レンブラントの筆遣いと他の画家との筆遣いとは、拡大してみると明らかに異なっているというのである。また、フォッグ美術館の研究員でもあったアラン・バローズは、X線写真による調査を進め、レンブラントがその画業を通して、つねに確固とした形態を描き出すことに関心を抱いていたことを導き出した。したがって、形態のはっきりしない事物が描かれた絵画については、レンブラント作品ではない可能性が高いというわけだ[7]。

これらの方法はたしかに、鑑定者の目の代わりに機械の目を採用することにより、作品のなかでも見えにくかったもの、あるいはまったく見えなかったものを可視化する作用をもつ。そのようにして可視化された情報は、鑑定の際に新たな証拠として考慮しうるかもしれない。しかし、当然ながら、そうした機械の目で得られた結果を解釈するのは人間なのであり、基本的な鑑定のプロセスは美術史家の目で行う場合からそれほど変化するわけではない。新たな資料が出てこようとも、拡大写真に写ったレンブラントの筆遣いを見極め、確固とした形態の存在を認めるのは、結局のところ美術史家の目なのだ。実際、バローズは自身の編み出したX線写真による調査を、ローリーの拡大写真による調査よりも確実なものとみなしていた。拡大写真によって筆遣いはよく見えるようになるかもしれないが、優れた模倣家はそうした筆遣いさえも巧みに模倣するものである。またバローズは、X線でさえ万能の鑑定ツールとはいえないということも認めている。どこまでが弟子の手で、どこからが師匠の手なのか、X線を利用してもその見極めは難しい。

では、このような系譜を考えた上で、「ネクスト・レンブラント」の出現はいったい何を意味するのだろうか。鑑定におけるテクノロジーの積極的な利用という点では、それは拡大写真やX線による診断と大差ないように思われる。そして、それらの技術は常に人間の目によっては見えない作品の細部を明らかにする役割を果たしてきた。実際、このプロジェクトも、作品をより詳細に、人間の目の見えないところまで観察し、そのデータからレンブラント作品たらしめる要素を抽出するという一連の作業である点で、鑑定の「科学的手法」の系譜上にある。

しかし、おそらくそれにとどまらない意義もこのプロジェクトには認められるように思われる。それは、「ネクスト・レンブラント」そして「レンブラント　リ・クリエイト展」の双方において、美術作品を私たちがどのように認識するのか、そしてある作品が真作か否かを決定するという観点からだけではなく、むしろ「真のレンブラント」が作品の制作過程を通して現実に立ち上がるのを追体験することができるところだ。従来の鑑定においては、その判断基準が論じられることはあっても、そうしたデータの集積が新たなイメージとして結実することはなかった。「ネクスト・レンブラント」におけるこうした創造的な側面は、生成されたイメージの著作権についての問題等についてはすでに議論されているが、むしろ美学的にこそ評価されるべきだろう。[11]

作家の無意識を抽出しようと試みるこれまでの議論において、作品にあらわれる無意識の痕跡を見極めるのは、人間による意識的な目であった。しかし、「ネクスト・レンブラント」によって生成されたイメージに無意識的に集積されるレンブラント作品の断片は、意識的な選別を含まない。ＡＩに読みこませる作品群が真にレンブラント作品であるかどうかという問題はまだ残されているが、「ネクスト・レンブラント」は少なくとも、鑑定における一連のプロセスにおいて、

[11] Fossa, Fabio, "Creativity and the Machine: How Technology Reshapes Language," *Studies in Philosophy of Literature, Aesthetics and New Media Theories*, Vol. III, No. 1-2, 2017, pp. 177-213.

できるかぎり人間の判断を捨象しようとしているのだ。

もちろん、たとえば「リ・クリエイト展」の《夜警》についても、描かれた当時の状態を再現するという行為には、同時代の模写を参考資料にしていても、21世紀に生きるわれわれにはもはや知ることができない以上、やはり「想像上のレンブラント」を作り出しているという側面は否めない。だが、作家の伝記的事実とは別の次元で、作品の無意識的なものを浮き彫りにしようとしてきたのが19世紀以来の美術鑑定の論争であり、かつ拡大写真やX線などによるテクノロジーだった。対して、「ネクスト・レンブラント」などAIを用いた新しい動きは、データの蓄積により制作過程そのものを再現する限りで、芸術家本人の制作過程の無意識をも捉えようとする試みであると考えることができるのである。

おわりに——あるいは「芸術が作られている時」の再現へ

ここまで、AIによって制作された「ネクスト・レンブラント」という作品の意義を、これまでのレンブラントの作品とその鑑定をめぐる歴史を振り返りつつ論じてきた。もちろん、「ネクスト・レンブラント」の作品自体は、拡大写真やX線のような鑑定技術として発表されたものではなく、その点で後者のような旧来の技術とは役割が異なっているように見える。また、この新しいプロジェクトは、美術史の研究というよりも、技術そのものの発達を示し広告的効果を得るための、デモンストレーションとしての役割の方が大きいことも確かだ。

だが、本論の冒頭でも記したように、このプロジェクトを通して問われているのは、「真のレンブラント」とは何か、またそれはどのような手段を介して判定されるのかという1世紀以上にわたって美術史家を悩ませてきた古典的な問いそのものであった。それに対して、旧来の技術が単に美術作品の細部を拡大することによって、私たちが自然的には見えないものを人工的に見えるようにする装置としての役割しか果たしてこなかったのに対して、「ネクスト・レンブラント」は膨大なデータを統計的に処理することによって、作品の真偽判定の水準にとどまらず、芸術家の制作過程そのものの再現へと質的な変化がそこで生じているように見える。

近年の美術および美術史における議論では、私たちの単なる「眼差し」の問題だけではなく、ブルーノ・ラトゥール等の理論が近年影響力を増しているように、[12]どのように「もの」と主体とのネットワークが織り成されて具体的な芸術作品が生み出されるのかという論点が注目されつつある。その点で、ＡＩによる「ネクスト・レンブラント」は、ラトゥールの作品名をもじれば、「芸術が作られている時」（Art in Action）を私たちにまざまざと再現してくれている点で、これまでの単なる鑑定技術とは異なる意義を有するとわれわれは主張できるだろう。

[12]
ブルーノ・ラトゥール『科学が作られているとき――人類学的考察』川崎勝・高田紀代志訳、産業図書、1999年

◆古川萌（ふるかわ・もえ）
京都大学大学院人間・環境学研究科博士課程修了。博士（人間・環境学）。現在、日本学術振興会特別研究員として東京藝術大学美術学部芸術学科に在籍。東洋大学および早稲田大学非常勤講師。伝記作家ジョルジョ・ヴァザーリの活動を通して、ルネサンス期イタリ

アにおける芸術家の表象と、その社会的・政治的背景を研究。また、ルネサンス以降における芸術家イメージの受容についても関心をもつ。

主要論文に、「追悼の建築としての伝記集――ヴァザーリ『芸術家列伝』再考」（『美學』第65巻1号、2014年）、「芸術庇護としての弔い――フィレンツェ公国におけるジョルジョ・ヴァザーリとエピタフ、墓碑、追悼」（『西洋中世研究』第7号、2015年）、「ジョルジョ・ヴァザーリと「画家の礼拝堂」――彫像のまなざしと死者の顕彰」（『美術史』第180冊、2016年）。

終章

反実仮想

いのちを作る

進むべき道はない、だが進まねばならない

池上高志＋河本英夫

本章の論点

人工生命では、生命と似通った動きをする物体にとどまらず、どこまでが生命でどこからが生命ではないのかを容易には決めることのできない曖昧模糊とした領域に直面する。こうした領域のなかに生命そのものの出現や、生命そのものの作り替え（変態）、生命の高度化や多平行分散化のような多くの事象が含まれている。

生命は運動と情報の関係を捉えるためのまたとない領域であり、そこになんらかの原理的な仕組みが見いだされれば、物理学にとっては発見であり、哲学にとっては新たなカテゴリーの創設となる。「人間」をモデルにした「知識」とは異なる原理に到達するためには多くの工夫が必要だが、本章では、そうした工夫と洞察の現段階での展開見通しが語られる。

問い

河本　最終章では、人工生命、意識、身体をテーマに池上高志さんと話し、現在の研究動向と今後の展開について考えていきたいと思います。

池上さんは、カオス力学を軸とする複雑系科学をベースにして、油滴を使った人工生命の研究を手掛け、その後アーティストとのコラボレーションや荒川修作さんとの幾度もの議論を経て、ここ数年はアンドロイドの制作で新たな局面を拓いた石黒浩さんとの共同研究を行われてきました。

生命や知能について理論的に考察していくことと、実際に物を作ることでは、考察の力点も工夫の仕方も大きく異なっています。制作は理論を応用するだけのものではなく、複数の視点を重層的に活用するものです。現在、理論と制作の両方から、池上さんは新たな局面を拓きつづけています。まずは、池上さんが、現在どの辺まで行ったのか、あるいはどのあたりで停滞したり、立ちどまったりしているのかについてお聞きできればと思います。

「生命」とは何でしょうか。例えば火星に「生命」と呼べるものがいたとして、それらが地球上の生命と同じようにDNA–タンパク質系で作られているかどうかは不明です。また、火星の生命は伝統的にはタコのような姿で描かれてきましたが、物のかたちから「生命」を捉えようとすると、地球の生物を基準にしたイメージにとらわれてしまう。その意味では、人工的に生命に接近する際には、「生命」という運動のかたちをどう捉え、それをどのように人工的に作り上げていくかという課題が出てきます。「生命」は一つの運動であり、意識や精神や身体と並ぶ「活動態」です。そして活動態の基本は力学的な運動です。

ことに人工生命の場合、提示された「生命」に対して受け取り側には相当に大きな隔たりがあります。そこに生命らしさを感じ取る人もいれば、ただの人形の動きにしかなっていないと感じる人も多い。ここから、「生命」の運動のイメージや運動の感触を、どう広げて考えていくかも課題になります。

アンドロイド・オペラ

池上　２０１０年以降の爆発的なデータ科学の発展と、人工生命を現実世界に立たせたい気持ちから、アンドロイドの動きのデザインと、それを作り出す神経細胞モデル、それに人を使った実在感の生成実験などをやっています。

最近、手掛けたこととして、アンドロイド・オペラ『Scary Beauty』（＊ｌ）についてまずお話しします。２０１８年7月22日、アンドロイド「オルタ２」が、お台場の日本科学未来館で30名編成のオーケストラの指揮をしました。企画と作曲は渋谷慶一郎さん。アンドロイド「オルタ２」は石黒浩さんが開発し、僕らが開発した人工生命プログラムを搭載しています。

最初にスコアと、どの楽器がメインのパートか、音の大小の情報、そしてどうしても決めなくてはいけないところの1～2割はマニュアルで入れて、あとはＡＩが自由にやっています。演奏した音のフィードバックを入れて動かすのは簡単ですが、指揮は、音が鳴る前に動かないといけない。音を聞いて動かしているともう遅い。１００ミリ秒かもうちょっと、音より先に動かなくちゃいけない。それが難しい。

（＊ｌ）
２０１８年に主催した「ＡＬＩＦＥ２０１８」の国際会議において、渋谷慶一郎作曲のオペラを上演した。大阪大学の石黒浩との共同製作。【カラー口絵：図8】を参照。

プログラムそのものが非線形で、非線形なシステムはちょっとした信号の違い、揺らぎが増幅され、時間がたつと振る舞いが全然違うものになる。人間は、同じような状況で例えば同じ友達に会っても同じことをするわけではない。それと同じように揺らぐ。オーケストラとの練習でも毎回違う指揮をします。「同じことをしない」ことの中にむしろ生命性が現われ、周りの人は安心して、逆に一つのイメージが出来上がる。揺らいでいるところに意識や生命性を見てしまう。不思議ですけれどね。

今回の制作で僕が思ったのは、意識や生命性とは、アルゴリズムとしてそのまま組み込むものではなく、外側にいる人や生き物から伝染してくるものじゃないかということで、今、その「伝染」について考えています。どういうものが「Contagious」（伝染的）になり得るか。有機体そのものに対してContagiousなものは、もちろんウィルスや細菌もそうだし、あるいは言語的なものもそうです。その延長上に意識や生命性があるかどうか。

生命を作る

池上　最近、『作って動かすALife』[1]という本を書きました。ALIFEはプログラムを書いて作ってみないとわからない。そして「作る」とはどういうことか。そのことを追体験してもらうために、この本を出しました。

河本　多くの人の疑問は、理論的に考えを進めるかたちを取っている。人間の言語の理解の延長上で、「生命」みたいなものを考えている。しかしそうすると、理解あるいは理論的な解釈の向

[1]
岡瑞起＋池上高志＋ドミニク・チェン＋青木竜太＋丸山典宏『作って動かすALife――実装を通した人工生命モデル理論入門』オライリージャパン、2018年

こう側にしかないものが、たくさん出てきてしまう。

故・荒川修作（1936～2010年）もそこをどうするか散々考えた人です。あるとき、イタリアの芸術系の補助金を受け、荒川さんは一年間イタリアに滞在していました。彼は、レオナルド・ダ・ヴィンチの膨大な量の未公刊の草稿を全部英語にして見せてもらった。その中に「生命をつくる」という言葉が出てきた。そのときに荒川さんは、理論研究では届かない、むしろ生命を実際に作ってこそ生命に到達できるという確信をもったようです。実際に作る作業には、理論の延長ではない部分が相当ある、と。

荒川さんは「生命を作る」ということに果敢に挑み、そのように芸術作品を作るだけでは足りていないと感じた頃から、建築の発想が彼の中で始まってきた。「生命を作る」ことに関して彼が最初に苦しんだのは、生命の中には「邪魔者」がいるということ。こいつを除去できれば何とかなるが、この邪魔者が簡単に処理できない。

池上　どういうことですか？

河本　その「邪魔者」とは、意識だったんです。こいつさえなければ、と。その働きが何であるかは決まっていないが、「意識」と呼ばれるものが、なにかある。

約40回も会って話しながら、僕はずっと荒川さんの議論に付き合って考えてきました。もちろん荒川さんの周囲では、理論的に詰めていった方がいいと考える人もいた。奥さんのマドリン・ギンズもその一人で、彼女は「オートポイエーシス」をベースにして考えていこうとしていた。しかし荒川さんは、どこまでも「生命」を作ろうとした。

池上　素晴らしい！

（＊2）

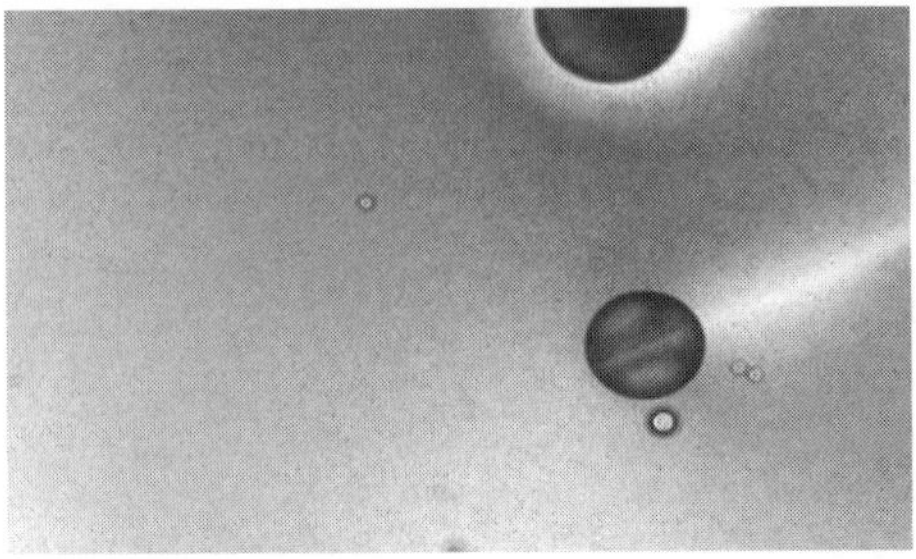

イタリアのマーティン・ハンジック（Martin Hanczyc）らと行った自発的に動く油滴の実験。化学反応の結果、マランゴニ効果、内部対流があわさって作る運動。

河本　最初期のある認知科学者は二枚のトタンを平行に立てて、その間で振動や動きが同期したら、同期そのものの現象は個々のトタンにはないわけだから、このことを意識と呼ぼうと考えた。そんなふうに、意識を働きとして考えたほうがいい。働きが形をとるときに、例えば植物なら植物の意識を構造化する際に、個々の場面で材料を使う。その材料によって、いろんな形がありえるだろう、人間の意識を基本的なモデルにして意識を固定的に考えるほうがおかしいと、荒川さんは考えたわけです。

池上　面白いアプローチですね。確かに僕もそれと似たようなことをやっています。無水オレイン酸をアルカリ性の高い水に入れてできた１００マイクロほどの大きさの油滴が動き出す。その動きに意識、エージェンシーが生まれる。あるいは、センサーネットワークを作ってセンサー同士に情報をやりとりさせ、センサーのサンプル数を自律的に可変にする。その結果生まれるセンサーのダイナミクスにエージェンシーが創発する（＊2）。

河本　作る場合には、技術的な問題もたくさん出てきます。特にアメリカでやるためには人を驚かせなければいけない。荒川＋ギンズは「死なないために」という講演（＊3）を月一回ぐらい、アメリカ全土を回ってやりました。

あるとき講演中に、「私は違う身体を知っている」と突然手を挙げて演台に上がり、コンピュータを動かして話し出した者がいた。「人間は身体が穴だらけだ、２万倍に拡大すれば身体はこんなものだ」と、無数に穴が開いている身体の映像を見せて、「穴が見えないのは、見る眼の方、人間の眼が粗いからであって、十分に細かく見ることができれば人間の身体なんて穴だらけなんだ」と言った。その人はそのまま会場から去って行方不明、会場はもう全身穴の開いた身体の話

（＊3）「死なないために」は、荒川＋ギンズが、自分たちの構想を表現するための旗印としたもので、かたちを変えて多くの著作で語られている。後に「宿命反転」や「天命反転」というスローガンに置き換えられる。ヨーロッパ思想の多くは、「死ぬこと」を起点にして組み立てられており、その制約を突破するために設定された。たとえば『建築する身体』（春秋社）の「序」を参照。

ばかりになって、講演は打ち切りになったそうです。

池上　なるほど。

河本　人間の体は穴だらけという現実性がどこかにある。そういうことを含めて身体の在り方を考えないといけないと荒川さんは言っていました。

私の方では、「三鷹天命反転住宅―イン・メモリー・オブ・ヘレン・ケラー」【カラー口絵：図10・11】の建物の廊下を、足音が前方からやってくるようにしようと荒川さんに話しました。足音が後ろに流れる経験は、人間にとって当たり前になっているけれども、未来と過去を二分化するところがある。やってくるものと過ぎ去るものという、時間の二分化です。しかし、記憶の仕組みから考える限り、「記憶」が未来から、あるいは前方からやってくるという経験のあり方を保持した方がよい。そうしたら彼は、進行方向で右から左に足音が流れる廊下を作ると言っていました。いずれも実際に作ることはしなかったのですが、作るというのは素材や経費の問題で制約が出ます。その手前では、多くの構想を作ってみて、構想したことのごく一部だけが作られる、というのが実情です。

人工生命や人工知能の研究では、現在の地球上の生命や現在の人間の知能に似かよっているものを作ることが多い。人間の労働を代替したり、計算や記憶容量の点で人間の知能に代替したりするものを作るという発想です。しかしせっかく人工生命や人工知能を作るのであれば、「生命」そのものの可能性、「知能」そのものの可能性を広げるようなものを設計しなければならないだろうと思います。少なくとも、そうした制作をつうじて作り手の経験の可能性の拡張がなされるものでなければ、大胆なチャレンジとは言えない。

池上　アメリカでの講演ツアーの際、批評家に「ビッグエラーだ」と批判されたことを荒川さんはすごく喜んで、エラーを作り続けることが重要なんだと言ったそうです。アート作品にエラーが起こることは何か、作品を外からみた第三者視点の良い悪いという基準を作るのではなく、彼は作品と観察者を連続的に考えたがっていた。そうすると、システムの内と外で「何を閉じさせるか」、あるいは「どこに線引きをするか」が問題になってきます。彼が絵画から建築にいったのは、絵画は人が見るだけですが、建築は中に人が入るから、もうちょっと絡んだかたちで人と作品、というより、人とシステムの関係を扱うことができるからなのかなと思っています。

では、間違わない規則的な良い家《うち》とは何で、エラーがある家《うち》とは何か。穴だらけの身体と、発想としては似ているのかもしれません。それを経験させるために、彼は三鷹天命反転住宅みたいなものを作らざるを得なかった。

河本　言語の延長上、あるいは理論の延長上の生命を、一度カッコに入れてしまう。そこからさらに、限界の向こうまで進むために使える材料が、科学や芸術の現場には転がっている。そして現実に作ってみせる。こういう作業を荒川さんは延々とやっていた。とにかく生命を作りたいというのが彼の願望だった。

池上さんも作る方向で進んでいますが、その場合は理論的な工夫とは別の工夫が要りますね。それともう一つの大きな条件は、作るのは一人ではできないということ。

池上　そうですね。コンピュータにインストールして、仮想空間の中でプログラムを動かすのは簡単です。けれど現実世界に何かシステムを立ち上げる場合、季節は変わるし、天気も変わるし、触ったりする人もいるかもしれない。そういうところにシステムを立ち上げ、何もしなくても100年ぐらい生きのびるシステムを作ろうとしたら、仮想空間での構築とは異なる、はるかにたくさんの、まだ全然知らない技術が必要です。

外からメンテナンスしなくても、自己修復と自己維持をしていって、100年というタイムスケールで動き続ける。こういうものを考えることは、その時にその場所で数時間動けばいいものを作るのとは何か質が異なるし、理論ではよく分からない。長い時間の長さを取り込んだ理論を作ることは、当分相当難しい問題だと思います。

河本　寿命の問題は生命にとって重要です。単細胞生物の場合、事故では死にますが、基本的には寿命はない。ところが進化のどこかの局面で寿命というものを獲得し、そのときに大きな仕組みの変更が行われている。寿命の積極性を組み込んで、なおかつ死なないという状態を作るということになる。

池上　そうですね。100年とか1000年とか生きて動いていて、そして死ぬシステムというのは、何なのでしょうね。そこはやっぱり基本的な問題になります。

スケールの問題

河本　5年や10年単位で動く人工生命は作れても、100年にしようとすると別の規則が必要になる。100年動く家庭ロボットをイメージしようとすると、結構大変です。「量」がある程度規模として大きくなると、全然違う規則が必要になる。

池上　それをまさに最近の一つのテーマにしています。スケールが変わると物の性質が変わる。

量が質的に転移して、別のロジックや理論を用意しなければいけない。比例するように見えても、そうはいかないんです。

まず有限性ゆえに見えるものが面白いと思っているのが一つ。もう一つ、量を変えることで質が変わるためには相転移直上だとダメ。相転移点になると相似になって、大きくしても大きくしても同じものが見えてしまう。だから少しずらしてみる。いわゆるカオスの縁(edge of chaos)(＊4)ではなく、そこからちょっとずれて、大きくしていくと違うものが見えてくるようなものが大事なのではないか。システムに内在する違いが大きく見えてくるような、そのずれを拡大して見せる機構を作ることが、生命の一つの本質なのではないかと思います。

臨界点にいかないようにしながらスケールを大きくしてやると、違うところが見えるものが作られてくる。さっきの100年とか1万年とか持つようなものというロジックは、やっぱりスケールが大きくなったら、違ったことをするようにシステムを作っておかないともたないだろう。では、それをどうやって作るのか。とりあえず、そういうことが起こる例を人工的に作って、そこで可能な実験システムをくんでみたい。

河本　例えば単細胞の生物が大きくなっていくとき、機能的に役割分担したほうがいい局面は必ず出るはずです。例えば二細胞で運動系と生殖系を分けるような生物がいるのか。二細胞ぐらいでは機能分化は起こらない。最低数十から百数十の細胞の数がないと機能分化は起きてこない。あれは何が寄与しているのか。

池上　それは難しいですね。まっとうな考えだったら、細胞の中の状態で決まる感応、どういうときに応答するかは遺伝子に依存しているから、ある条件で一気に大きな変化が起こるだろう、

(＊4)
パラメータ空間でカオスと周期解の間の領域を指す。ここは万能計算性を持つなどといわれる。

その臨界的な条件は何らかの内部の遺伝的ネットワークが決めていると考えるでしょう。でもさきほどからの話のように、細胞の数が大きくなると、ある細胞数のところで活動が変わってくる。細胞同士が作る群れの影響がある。途端に全然違う動きをしなくちゃいけない。それが分化を引き起こすところがある。

ゼブラフィッシュの画像を見てみましょう【カラー口絵：図9】。２００８年ぐらいに初めてハイデルベルクのＥＭＢＬ（European Molecular Biology Laboratory）でレーザースキャンを使った撮影に成功したものです。動いている方向で色分けされていて、上に行くのは緑色で、下に行くのは青色。最初はガチャガチャしているだけだけれど、そのうち運動の方向に従って分化が始まる。細胞が群れとなって運動することによって、同じ群れに属している細胞がそれぞれの器官を作り出している。群れに伴う運動の種類みたいなものが分化の引き金となるのではないかと、これを見ていると思えます。

そしてこのサイズの変化に伴う運動パターンの変化は、10年ほど前にやっていた動く油滴の化学反応などにもみられる。やっぱりサイズによって大きく違うんです。

動く油滴は、小さいとき（０・００１㎝）は開いて動いて、少し大きくなってくる（０・１㎝）とマスを作る。もっと大きくすると（１㎝）、ベコベコとカオス的になっていく。ある大きさにすると、運動がすごく変わる。運動が変わると、例えば中に入れられる量も変わって、そこで大きさによる変異が起こる。細胞分化を起こせるような。活動が変わるためにはスケールを変えないといけない。

こういうのはどう思いますか。２０１０年、Googleの研究員がアボガドロ数の１万分の１の場合の数を調べ上げて、ルービックキューブはどんな悪いパターンでも20手あれば絶対解けてしまうことを示した。人には見つからないこの20手で解くアルゴリズムを「神のアルゴリズム」といいます。数学者は証明できなかったけれど、こういうのは全部、データがあれば分かる。それでは分からないような問題は、人間が考え付くようなものではなく、偶然できちゃったような手だったりする。意味のない、偶然できた手みたいなものがいっぱい埋まっていて、そういうものの総体として理解できる世界があるということが、コンピュータやインターネットでやると分かってくる。一見すると、ルービックキューブのような単純なものですら偶然のパスみたいなものがたくさんあって、それを使って解けてしまうこともある。

河本　最強囲碁ソフトだと言われているアルファ碁はやっぱり強いですか？

池上　最初の局面ではみんな笑っていて、「やっぱりコンピュータは駄目だ」と言っていたら、だんだん笑いが少なくなってきて、途中からこんなに上手くいく方法があるのかと、衝撃が走る。アルファ碁の発見した手は、やっぱり人間が考え付かなかったようなものです。

いまは、プログラム同士でやらせている。もう人間とやってもしょうがないから、アルファ碁同士で戦っていくうちに、手がだんだん発見されてくる。つまり、いろいろな問題解決においては、人間がボトルネックになっているんです。人間の持っているボトルネック性をどうやって超えていくかということが、今の自分の研究もそうだし、アンドロイドの研究の背後を強く作っています。

プログラムを動かすとき、数学的に問題があった場合、例えば方程式に書いてアルゴリズムを書いたり、あるいは視覚化したりする。ルービックキューブだったら、視覚的に説明する図を書こうとした。でも視覚はプログラムには要らない。人間が分かるために視覚が必要だし、方程式に書き下すことが必要になっている。

コンピュータにのせるには、方程式は近似しないといけない。だから介さないほうがいいわけです。そこで人間がボトルネックになっている。だからいかに人間のボトルネック性を外して、全然違う分かり方が可能かどうかを探ることが大事。それが現代の生命研究だと僕は思っています。「人間が分かる」という形式を取っ払ったところでしか見えない生命の形式。それが僕の考える人工生命です。

河本　今の話が多分、現時点の池上さんの主要なモチーフであり、立ち位置です。ただ、そこに引っ掛かってしまう人もいます。つまり、実際にコンピュータでやってみて、いろいろな可能性が出てくる。そのときに、ボトルネックになっているところの人間にとっては、ブラックボックスが増え過ぎてしまうのです。一体何が起きているのか分からない。ひょっとしたら2〜3年に一回は勉強を全部やり直さないといけないのかという思いが、世界中の学者の中にもあるような……。

内部で何が起きているのかほとんど分からないけれど、ある学習を何回もやっている間にそうした事態が出現してきてしまう。ディープラーニングと呼ばれる学習の仕組みも、何カ月もかかる作業です。ここら辺の学習の仕方は、人間の学習とは相当違う学習回路を使っているのだろうと思います。

池上　そうですね。何をもって「分かる」というか、をちょっと変えてもらうと、途端に複雑な、開いていく人間像を持てるように思います。

僕が好きな南方熊楠のエピソードに、どうやったら粘菌の新種をそんなにいっぱい見つけられるのかと訊かれて、「ほこらの裏に行くと青いきれがあるからそれに触ってみろ」というような話がある。「そうするとどこに粘菌がいるかが分かるから」って。「分かる」とは、もう答えが先にあって、その答えがなぜ答えになるかを証明することです。探していって答えが分かるなんてことは絶対ない。追うべきフレームをまず獲得した上で、なぜそれが答えになり得るかを考えることが「分かる」ということだと僕は思います。だから熊楠の言う「青いきれに触る」というのは、すごく人の分かり方に近いと思う。

河本　「人間」をどう定義するかはこの数年でもどんどん変わってきています。その変化を引き受けない限り、現実に起きていることをうまくつかまえられないし、うまく対応もできないし、そこから課題設定もできない。

課題設定することは、理解することとは違います。その場の現実の中で違う選択肢を立てられるかどうか。例えばアンドロイドを見ていて、「これは何か」「どうしてああいう動きをするのか」という理解に落とすのではなく、もっと別の選択肢をアンドロイドは持ち得るかとか、別の選択肢の設定の仕方でアンドロイドに関わるとか。

池上　管弦楽曲『進むべき道はない、だが進まなければならない──アンドレイ・タルコフスキー(＊5)へ』を作曲したルイジ・ノーノ(＊6)が、タルコフスキーに捧げたこんな詩の一節があります。「人間の技術の変化の中で／新たにこれまでと異なる感情／異なる技術、異なる言語を作り出すこと。／それにより人生の別の可能性／別のユートピアを得ること」

これがいわば僕の座右の銘です。

(＊5)
1932〜1986年。ソ連の映画監督。全ソ国立映画大学でミハイル・ロンムに学ぶ。卒業制作の短編映画『ローラーとバイオリン』がニューヨーク国際学生映画コンクールで第一位を受賞。長編劇映画第一作『僕の村は戦場だった』はベネチア国際映画祭でサン・マルコ金獅子賞、サンフランシスコ国際映画監督賞を受賞。その後、表現の自由を求めてソ連を出国。『ノスタルジア』発表の翌1983年、亡命。他の作品に『惑星ソラリス』、『サクリファイス』など。「映像の詩人」と呼ばれた。

(＊6)
1924〜1990年。作曲家。イタリア・ヴェネツィア生まれ。電子音楽、ミュージック・セリエルにおける主導的存在の一人。

僕たちは、「感情」や「言語」や「分かり方」を更新しなければいけない。そのためのどういう材料を提案、提供できるかが、サイエンス&アートの意味だと僕は思います。僕らの分かり方とか、立ち上がる感情そのものを固定するのではなくて、逆にそちらを更新しなければいけない。

河本　池上さんのやっていることに対しても、池上さんがまた面白いことを始めた、それを分かりたいという動機が先立ってしまう人たちが一定数いる。あらかじめ帰結を問うとか、あらかじめ動機を問うのではなくて、むしろ、面白い、一緒に遊んでみたいという人たちが出てくるような形で進むことを願っています。

池上　ただ新しい感情とか新しい分かり方とか、そうはいってもみんな、なかなか変えたくないんですよね。

プログラムは自分を分割するか

河本　僕たちは最初、システムの変異を考えるさいに、システムそのもの、図体が大きくなって半分に割れるという仕組みからやろうと考えました。たとえば原核細胞が大きくなっていき、どこかの段階で割れる。均等に割れることもあれば、そうでないこともある。オートポイエーシスは、自己を作り、それがさらに形成される。両生類に見られるように自己そのものを全面的に組み換えることは、かなり頻繁に起こる。そのときに分割というモードはとても重要になる。遺伝的には、複製のほうがコード化されているから簡単で、複製プログラムを組み込んでおけば、自動的に進行します。

(＊7)

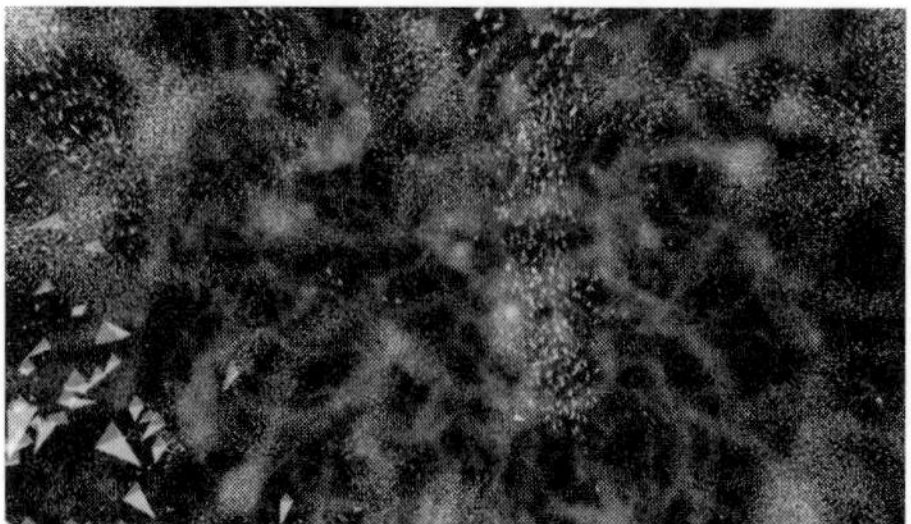

一方で分割は、生物本体が分かれるだけではなく、プログラム機能も分かれなければならない。場合によってはプログラムそのものも分割できなければならない。分割というのは、どんどんとプログラムが高度になっていくという局面で、高度化の方向だけではなく、多平行分散系になるための分岐点でもある。しかし一般的に見て、サイズが大きくなったものを割ったほうが有利だという仕組みを入れることは簡単ではない。

池上　それがすごく悩みの種で、油滴は割れないんです。最初のプログラムは油滴が地面にへばりついて動かない。それを剝がすアルゴリズムを考えて、でもその後、今度は分裂しないんです。アルゴリズム的には難しかったです。単にサイズを増やしてもうまくいかない。別のロジックもそこには必要なんじゃないか。

河本　油滴は分割しましたか。

池上　実験では、一回成功したことがあります。内部の対流と表面張力との拮抗性が、どこかのタイミングで崩れて割れるのだけれど、でもこれだと中身が減っていってしまう。中身を保存する形で、分裂しないか。いくつか候補もある。しかし分裂させても問題はまだ解けない。たとえばＤＮＡ的なものをいれないと自己複製にはならないのか、ぜんぜん別なことが必要なのか、よく分からない。

河本　例えばアミノ酸の複合体であるプロテインになる前に、オリゴペプチドの局面で、七つか八つ、アミノ酸がつながっている。これが十いくつになると、途中で自動的に切れる。切れる仕組みはどこかで物理化学的には入っているはずなんです。

池上　延長されるより切るほうがはるかに大事ですね。だけど今のところそういうモデルのほと

Takashi Ikegami, Yoh-ichi Mototake, Shintaro Kobori, Mizuki Oka, Yasuhiro Hashimoto: Life as an emergent phenomenon: studies from a large-scale boid simulation and web data, *Phil. Roy.Soc.* 375. pp.1-15, 2017.

クレイグ・レイノルズ（Craig Raynolds）が考案した人工生命のシミュレーション・プログラム「ボイドモデル」による、鳥の群れのシミュレーション。１９８７年に発表された。単位体積あたりの個体数を同じに保ちながら鳥の数を増やし、空間を広くしていくと、２０４８羽に始まり、1万6千羽、13万羽、54万羽へと増幅していく。個々の鳥に働いているのは同じ3つのルール（分離・整列・結合）だが、数が増えるにつれて異なる振る舞い、異なるルールが創発してくる。過剰な量や詳細さを持つビッグデータの中では、小さな数を相手にしていたのでは見えなかった構造が見え、生命的な振る舞いが立ち上がってくる。ALifeの研究は現在、人間が世界をより深く広く探索することを可能にする「巨大なモデル」を模索している。

んどは、ここになったら切れるという条件を適当に設けている。それを入れないといけないわけです。

鳥の群れのシミュレーションをやったときも(＊7)、一羽一羽の鳥の群れというよりはむしろ大きい塊で、個体の鳥が単位時間に群れにどのぐらい入ってどのぐらい出ていくか、あるとき群れが分裂するとかいったことを計算して、修復可能性を持っている群れとそうでないものは何が違うか、群れのアイデンティティがどこから出てくるか等々、そういうのを作って考えてきました。それこそ、河本先生に言うのもなんですが、オートポイエーシスです。

河本　オートポイエーシスは際限なく分裂が起こる仕組みです。オートポイエーシスは、自己複製と自己維持と自己修復という生命の三つの機能に張り付いている、「自己」というものが出現してくる運動の仕組みを定式化したものです。だから「自己–制作」と呼ばれています。

ひとたび自己ができてしまうと、その後、維持系や修復系に機能化していきます。機能系をあらかじめ組み込んでおけばそのとおりに動いてくれるのですが、機能系が出現する前に、機能の出現を支えるための運動態の集合が決まってこなければいけない。その部分を運動のモードで定式化したのが、オートポイエーシスと呼ばれるものです。

例えば進化のある局面で、活動態の形成のモードが変わることがあります。一つは修復機能の出現。例えばトカゲの尻尾を切ると修復します。傷ではないが傷に相当するきっかけがあれば、もう一本尻尾を作る。二本の尾をもったままであれば奇形で、それをわけて活用すれば分割になる。自己修復の能力には、自分を作り変えてく能力が含まれています。

一般には奇形の出現や異常形態の出現だと言われるのですが、修復は元に戻すだけではなく、元の形態を超えるところまで進んでしまうことは普通のことです。体重を元に戻すときでも、リバウンドはさらに元の状態を超えて進んでしまうのです。

センサーとモーター

河本　池上さんと石黒浩さんとの共著『人間と機械のあいだ』[2]では、例えばクラゲを外形から観察するのではなく、川の流れの中でフワフワしている活動態があるという話が出てくる。この活動態に、たまたまごみが引っ掛かって外形ができたりする。外形ではなく活動態のほうから考えてみると、活動態が偶然、ごみ、通常で言うとノイズを拾って、実際に形が生まれてくる。形のほうは取り換えも利くし、いろんな形へと変わっていける。

そんなふうに活動態を考えていくと、生命の活動態は単なる機能性に落ちません。機能性ということで分析ができるのは、例えば「自己修復」、「自己維持」、そして「自己複製」。この三つの機能が活動態の中で出現してくると考えられる。その基本的な活動態は一つに決まるかどうか分からないけれど、取りあえずその活動態を生命と呼んでおこうと。

ある運動のモードがある機能性を出現させてくるとき、周囲にある使える素材を使いながら、その機能性を出現させるという局面を通過すると思えます。この「機能性の出現」自体をどう考えていくのか。

例えば川の続きでいえば、川底の起伏によって渦巻が生まれ、その渦巻が流れてきたごみを巻き込んで特定の運動のモードが出現してくると、運動の局面が変わっていきます。巻き込まれた

［2］池上高志・石黒浩『人間と機械のあいだ――心はどこにあるのか』講談社、2016年

ゴミはまた別のゴミを巻き込む。そのゴミのなかに「感覚能力」を備えたようなものが混ざっていることもあります。「感覚」とは物を選択的に区別できることで、これが「センサー」の基本です。このセンサーは物の運動に影響をあたえ、ここから「センサー＋モーター」連動系が出現してくる。一般に人工生命を作っていくときには、センサーとモーターを別々に設定し、両者を連動させることになると思いますが、そこには多くの課題が含まれているように思えます。

最も単純な問題として、センサーとモーターがそれぞれに学習するプログラムを設定すると、学習の速度や学習のモードが異なり、センサー―モーターの連動が複雑になって、両者の間に「カップリング」という事態が生じてしまう。カップリングというのは複数のシステムが、相互に決定関係のない媒介変数を提供しあっている作動状態です。するとそれぞれのシステムは固有に作動し、固有に形成されるので、連動そのものを何度も形成しなおさないといけなくなる。

そのセンサーとモーターのギャップの中に、感情のようなものが生まれてくるのではないかと私は思っています。

池上　その考えには全く同意します。ぼくは表象主義ではないのですが、エージェントのモデルを作って、そのエージェントがセンサーを介して環境から情報を取り込み、そのあと環境に働きかける。作り上げられる環境のモデルは完全ではないし、現実とは一致していないところが間々ある。そのズレが、結果として情動やエージェンシー、行為生成を作り出している。それを進めて、そのズレが新規性を作り出すとも言える。しかしこのズレが、現実世界の実在感を作っている。ズレが生まれることのほうがむしろ精密なモデルを作るより大事だし、そもそも環境に他の生命体がいるならば、ズレは解消されない。自律性を知覚するとは、この環境とのズレを認識することです。

感情のモード

河本　感情についてですが、例えば1960年代の安保の映像を見ると「けしからん」という感情が画面全体に出ていて、現代とはまったく違う。感情のモードの変化は相当に速そうです。

池上　ダーウィンも進化論三部作で議論していますね。

河本　ダーウィンも感情の揺らぎについて語っています。彼は「怒り」をベースに考えている。威嚇するわけだから、戦いの一つの要素だと。その延長上で考えられるのは、例えば恐竜。恐竜は身体が巨大だから、あまり細かい運動はできない。体重が重過ぎるのです。でも視力が高度になっているから、空を飛ぶ鳥が見える。鳥を捕ろうとするけれども、身体はそれに対応できない。そうすると、威嚇するしかないわけです。

池上　センサーとモーターのギャップがあるから感情が出る。

河本　このギャップがどこかで必然的に生まれてくることから、さまざまな仕組みが必要になる。古い脳の領域である辺縁系に、感情の座があります。この辺縁系は昆虫にはなくて、爬虫類のあたりではっきりと出現してくるらしいです。ここでセンサーの動きやモーターの動かし方に、違う変数が入ってくる。「同期する」ことを外した領域が出現する。つまり働きのところだけで見ると、モードの違う働きが出現してくる。

池上　なるほど、非常によく分かります。僕のしてきたことでいえば、例えば、もともと異なる目的で作ったアンドロイドに別な頭——この場合は神経細胞ネットワークですが——を載せる。そこには必然的にギャップがある。神経細胞のほうではパターンががんがん走っているのに、身体のほうではロボットがそのハードウエアの制約ゆえに動かない、つまり動きたいのに動けないわけです。そこを埋める仕組みとして、刺激を避けるロジックとか、対応する回路を入れたわけです。

まさに、動きたいのに動けないというギャップが基になって学習は進む。僕は感情になるとは考えなかったけれど、たしかにギャップはそういう余剰のものをつくり出す効果になっているのですね。それはまたアンドロイドの根幹部分です。

河本　学習の仕組みに、モーターの運動の改善だけではなく、何か違うものを出現させるところまで入れられれば、かなり進化の現実性をつかむことができる。それができれば、結局のところ、人間はもっと別様の進化も可能だったということさえ導けるわけだから。そうすると可能性の幅が大きく変わってきます。

池上　そんなところまでいけたら素晴らしい。

河本　ここのギャップから、新たな変数が出現します。しかし、実際には新たな変数の出現は簡単に起こるはずがない。つまり死ぬようなところを通過しなければいけないんです。そこを通過して、何かが出現してしまう。これが安定系になると、変数が出現したと言えるのだけれど、その死ぬようなところを通過させるプログラムをどうやって組み立てるか。

池上　まさに、そこをいろいろとやっているわけです。普通にやると単にセンサーとモーターのギャップ解消になってしまう。それでは、つまらない。そこからもっとセンサーとモーターの関係を開いていく方向にやらなくてはいけないと思っています。

感情は、意識的にコントロールしなければ外に出てしまいます。ということは外に見せるためのものでしょうか？　つまり外に出す信号（シグナル）があって、感情以前にはそういったシグナルは意味がないのに、感情を生み出した途端、そういうものを外に出して発信する。逆にセンサーを介して外から情報が入ってくる。感情は外に出すためのものなんでしょうか。

河本　例えば態度や振る舞いは表情に出る。しかし一番難しいのは、本人にとってそれは認識できないということです。つまり自分の顔が分からないのと同じように、自分が外に出した表情や感情は分からないんです。

池上　なんでそんなものを持っているのか。自分でモニターできないようなものをいっぱい外に出しているとしたら、それは何なのかということになります。コミュニティとして必要だということでしょうか。

河本　多分そこのところも、一番単純な起源、感情の起源は、フェロモンみたいなかたちになる。つまり危険を察知したら、センサーで伝える代わりに、別の形の伝え方をする。つまり緊急性の度合いが大きい場合には、強度が大きいことになります。強度が大きい局面というのは結局のところ、センサーだけでは間に合わないような緊急性です。例えば石の下で暮らしているアリにとって、石が突然ものすごい勢いで動いちゃった。そうするとなにか対応しなければいけない。フェロモンだけではないはずなんです。

池上　面白いですね。やっぱりアンドロイドを作っていくことの意味はそういうことに見出される気がします。

河本　人とアンドロイドがこれから、どうコミュニケーションを行っていくのか。今のところは外で騒いでいればいいのですが、その反応をアンドロイドが受け取って、自分の表情を少しずつ変えていくことまではすぐに想像できる。そこまでいくためには、ある程度感情の問題を扱わないといけなくなる。

池上　実は僕はお互いにコピーできるものを作るために感情の表出があるのではないかと思っています。他のものにコピーされるためのものを、できるだけいっぱい用意しているのではないか。そうした様々な顔のミクロな表情変化や声や仕草のもつミクロなコード、そうしたものをコピーすることで心的な同期が生じる。結果として心もコピーされるのではないかと。アンドロイドもそうして感情を人からコピーできるかもしれない。

河本　感情についての脳神経科学を手掛けていたアントニオ・ダマシオの「ソマティック・マーカー」（＊8）は外に見える感情です。例えば車を運転していて、道路に砂利が落ちている。そのときに、10分前に走ったトラックがきっと落としたんだろうと感じられる緊急性の度合いと、山に何か異変があって崩れかかっていることの前兆だろうと感じられる緊急性の度合いとでは相当に異なる。

外に見えている感情がソマティック・マーカーです。プログラムから組み立てていけば、まもなくアンドロイドの感情は作れると思います。ただ「アンドロイドの喜び」がどういう感情なのかはまだ感じ取れない。人間には、感情をセンサーだけでつかまえるのではなく、感情に対して感情で感応する場面があります。ここの部分が入ってくると、おそらくノーベル賞級のブレイクになるのかなという印象をもっています。

（＊8）
アントニオ・R・ダマシオ『無意識の脳　自己意識の脳——身体と情動と感情の神秘』（田中光彦訳、講談社、2003年）の第2章で述べられている。脳の一部の損傷によって、リスクや葛藤をもたらす状況下で適切な判断や対応ができないような障害が生じるが、そのさいに機能不全になる働きを推定し、ソマティック・マーカーと呼んだ。不安や退屈さを世界に感じ取る「情態性」が、この語の前史である。

例えば不安さとか、危なっかしさだとか。２０１４年の御嶽山の噴火では58人が亡くなった。噴火をスマホで撮っていて多くの人が逃げ遅れたと言われているけれども、実際に計算式を見ると、時速３５０キロぐらいで噴煙が飛んでくる。つまり危ないと思ったときはもう手遅れで、危険性を察知することは難しい。感情は生きることに結び付いている。その辺がテーマとして前面に出てくるといいなと感じています。

池上　センサー―モーター系の破れから出現する感情が、そもそもは生存に結びつくというのは面白いところですね。人間の生存戦略は、昆虫とはものすごく違うということですしね。

アンドロイドと環境との隙間

河本　池上さんと石黒さんの共著『人間と機械のあいだ』に出てくる話ですが、実験をとおして発見された「刺激を受け取らない」働きというのがあります。あれはものすごく重要です。刺激を受け取らない仕組みを学習のほうにつないでいくと、機能的に高度になるだけでは打ち止めにならないという部分があって、そこからどう展開するのかという課題が出てきます。

刺激を受け取らない仕組みは、センサーが高度になると、自ら備える仕組みだと思うのです。センサーがモーターとつながっていくだけではなく、余分なものはもう聞き取らない、余分な情報を受け取らないという仕組み。ここのところにいくつものモードが出てきそうです。

池上　この2〜3年、研究室でやってきた研究です。神経細胞が発火して電気パルスをシナプスを介して他の神経細胞に伝える時、「スパイクタイミング依存可塑性」（ＳＴＤＰ：Spike-Timing-

Dependent Plasticity＝刺激が伝わる時間に依存した可塑性）の規則があると考えられています。これは、送り手側と受け手側の神経細胞の発火のタイミングが、大体30ミリ秒以内だとシナプス増強が起きる、つまり信号がより伝わりやすくなる。もし逆のタイミングで受け取ると、逆にシナプスは抑制される。もし増強されたシナプスは増強されたままで刺激がなくなれば、そのまま学習が失われない。ぼくらは人工の神経細胞モデルと培養神経系でそうした学習が可能であることを、いくつかの付加項を入れることで確かめ、数千のスケールの神経細胞ネットワークでもこの学習が起きることや、ロボットの学習に持ちうること、同じ原理で予測などが起きることを示しました。この学習を「刺激を避ける原理による学習」（ＬＳＡ：Learning by Stimulation Avoidance）とよんでいます。

昔からカップリング・デカップリングのハイラルキー（＊9）をいろいろと提案しています。例えば化学反応を使って、プロトタイプの細胞をつくりたい。そのためには膜を作る必要がある。これは河本先生に批判されそうですが、オートポイエーシスを考えたときに、境界を作ってデカップルする。実際、僕らが作った化学細胞、油滴はデカップルすることで濃度勾配もいろいろと作れて、外を知覚することが始まった。それは、この動き回る油滴は外に向いて開いているということです。

このようなプロセスは繰り返すことができて、上のレイヤーで開くことができた系が再び閉じることによって、つまりまたデカップルすることによって、今度はその上のレイヤーにおける構造が作れる。油滴の場合は集団としての振る舞いでしょう。油滴の群れが作る集団現象です。そういうようなものが作れるのではないかということです。

（＊9）
相互作用を内的状態を使って、環境との間の相互作用を開閉するエージェント。あるレベルでの環境からの切り離しが、その上のレベルでの結合・結びつけを可能とする。

河本　そこも機能性に落としてしまうと、たんに自律性が高まるだけになります。自律性が高まると同時に破れていく仕組みをどう扱うかという課題が出てくる。

池上　そうですね。このカップル・デカップルの階層性は、そうした切り結びのダイナミクスをもっています。閉じることによって開くのだから。このアイディアそのものは、たとえばインターネットの背後のパケットスイッチングネットワークにも見出せる。インターネットは複雑な情報の流れがあって、その中で記憶が生まれ、階層性が生まれ、ネットワークとしての自律性が生まれる。インターネットにも意識的なもの、あるいはエージェンシーというものが生成されているかもしれないということです。

あるいは、さっきのＬＳＡ（刺激を避ける学習）を用いて、嫌なものには近づかないとか、さきほど言っていた感情に近いものが出てくるように見えるものができる。この問題をタフス（Tafs）大学のマティアス・シュルツと議論した時、あるおもちゃの話をしてくれた。中に輪ゴムが巻いてある車輪のついたおもちゃで、お祭りの屋台で売っているようなものです。一旦坂を転がり下った後、上に上がってくる仕組み、あれもそういう例なんじゃないかと言ってくれた。つまり生命は、環境の制約に抗するように、内部に一生懸命いろいろ作っている。そのためには閉じないといけないけれど、閉じることによって次のレイヤーが開く。こうしてエージェントが組み上がっていく。

意識という無駄

河本　意識をどう処理するかという課題があります。例えばインターネット上にも意識があることは間違いない。そして人間の意識だと呼ばれているもの、それから多くの意識を持っている人たちが言う集合的な意識とは、意識という言葉で表されていても相当モードが違います。
　統計値を取っていけば、本当は意識があってもなくてもいいと考えられる。統計値では意識はいずれにしろ測定誤差内に収まりますから。しかし個々のものの働きをどう捉えるかという点には課題が残る。

池上　そうですね。本当にそこは大問題です。

河本　カテゴリーで言うと、こういうカテゴリーを例えば全部言語で書いてしまうと、普遍化するんです。個々のものに割り当てると特殊化する。でもアンドロイドの一つ一つの動作やコードは個体化する。そうすると、普遍と特殊の間に個体という違うカテゴリー領域を設定しないといけない。

池上　それはさきほどのサイズを上げるときと類似した課題です。
　冒頭でも言った心がContagiousなこと、伝染するというのはひとつのヒントだと最近思っています。ミラーニューロン仮説とか、飼っている犬が飼い主に似てくるとか、仲のいいもの同士で雰囲気が似てくるとか、何かがやっぱり移っていって、それが意識レベルに与えるものがあるだろうと思う。それはケミカルなものなのか、感じる意図性とか視線の動きとかいったことなのか。徐々にコピーされてきて、ある点で急に本体としての意識がまるごとコピーされるのではないかと思うのですけれど。

河本　そこはなかなか難しい。意識には何度も何度も作り替えをするプロセスがあり、安定した事態があることのほうが意識にとっては不自然です。例えば睡眠中には意識は膨大なことをやっている。また、人間の歴史で見ても、意識の働きの作り替えは何度も起きていて、同じ意識だったことはほとんどない。

意識が外へと向かうことを意識の「志向性」という言葉で呼んでいます。その延長上で、向かっている意識のさらに向こう側になにかを感じ取る。紀元前４０００年頃、ユダヤ人たちがこの意識の働きを見出した。ユダヤ教で言う「絶対超越」で、意識からはどうやっても届かない、届かないからこそ変わることができないし、またそれ無しで済ますこともできないという仕組みを意識の働きとして開発します。

この意識の向こう側を捉えている人とそうでない人は、どうやってもお互いに理解し合えないということになる。一番最近起きた変化は、デカルトが「自己意識」を意識の働きのなかに組み込んだことです。「自己認識」と「自己意識」は全然違っていて、前者は例えば鏡を見て自分について認識するような働きです。これに対して「自己意識」は、意識の意識、意識についての意識です。自己意識を一回獲得すると、それが普通の意識のモードになり、以降、通常の意識に戻れなくなってしまうようです。

池上　そうですね。アンドロイドを造ったときには、オーケストラの人たちは、アンドロイドに意識の片鱗みたいなものを感じないと指揮者として認めない。意識を持っているものに関してのみ、従い出す。意識を感じさせる何かを、ダイナミクスやパターンを通して相手に見せることがまず大事だと考えました。それはアンドロイドにある一方で、演奏する人たちも自分たちはもちろん意識的存在だと思っているわけじゃないですか。だからその意識を感じる意識が焦点になり、お互いにコピーし合う意識というものが考えられるかなと思うのです。

河本　コピーし合ったものが一緒に動いていくとき、このコピーはまずかったなとか、調整が起こる。この調整の部分を内部に含んでいないと、たぶん意識にはなれない。つまり意識とは、潜在的に選択肢を準備し、可能性のなかでの調整のための弾力をもつ状態のことだと思えます。その逆に、意識を「自分の」意識だというふうに、いわば固定の前に拠点化してしまう。意識の自己感情みたいなものがあって、これをすぐに拠点化のほうに使う人たちができてしまい、拠点化を介さないといろんなことが分かりにくくなってしまうような仕組みをとるらしい。意識は別様でもあり得るということの手前のところに、意識がたくさんの働きをして安定させてくれているということも、きっと入っている。

池上　確かに、フィードバックはフィックスしようという方向に向かいがちです。どういう心の動きや仕組みがあれば、固定点に収束せず外に向かって開いていくようになるのでしょう？　われわれの方法だとカオス的な不安定性と同時に、ゆっくりしたさっきのＬＳＡ的な学習がずれを作っている。壊れていく方向を作っているわけですが。

河本　例えば荒川修作さんは「意識」を「躊躇《ちゅうちょ》」の別名だと考えようとした。躊躇は、反射反応でただちに応答してしまうことに対して、隙間を開いてくれる。うまくやればそこに選択肢が出てきて、違う形で選択することができるかもしれない。そこで躊躇という動作を意識だと考えようとした。それは同時に選択肢を拓くということでもあったわけです。

仮想現実という選択肢

池上　僕も躊躇が重要なものだと思っています。「反実仮想性」が重要なファクターで、それをどうやって組み込もうかと。

人間は簡単に反実仮想性を考えることができるでしょうけれども、それを例えばアンドロイドで実現するのは大変です。あり得べき未来とか、自分がこうしたらこうだろうみたいなことを考えるのは、よほど内部の世界モデルのようなものが、どこかが壊れていないと進まないんです。

例えば小脳のプレースセル（位置細胞）が知られていますが、これは環境の中を動き回るときに小脳に作られる認知地図の話です。それぞれの目立つ場所が位置細胞に対応させられる。このときに環境によっては、ところどころに曲がり角を抜けるとか、こっちに行ったときにはこっち、そっちに行ったときにはそっちに曲がるとか、なにかきわめて主観的な変な認知地図ができあがる。

マウスが寝ている時に夢で同じ場所を行き来していることを、この位置細胞の発火パターンから知ることができる。行ったところを何度も思い出すリプレー（replay）とか、行っていないところを先行的に生成するプレプレー（preplay）が出現する。位置細胞は、まさに内的シミュレーションです。この現象を例えば深層学習をつかって、実験してやる。その結果、ちょっと矛盾したような認知地図がうまれることがある。そういうところは反実仮想と関係しているかもしれない。一見するとランダムな行き来がシミュレートされることがあって、これを使えば反実仮想性をアンドロイドとかに少し持たせることができるのではないか。位置細胞の作る地図の固定化から脱却できるかなということです。

そのような不安定な地図が作る反実仮想性、そこに躊躇といわれるものが生じるのではないか。例えばトロッコ問題（＊10）で、ある評価基準の値に従って判断するなら、アンドロイドはためらいなく少しでも評価関数の大きいほうを取る。でも人間は、分かっていてもこれを信じないところがあります。だから信念体系そのものと、評価関数による判断が絡んでいて、判断そのものにすぐ従わずに行為が揺らぐ。その躊躇が反映された運動に対して、人間はさらに意識的な行動をとることがある。そうした「揺らぎ」が、意識性がコピーされたり、開示されたりする源になるんじゃないかと考えています。

河本　人間の基本的な知覚から考えていくと、0と1の間の、例えば0・6とか0・35とか、こういう部分の扱いをどうするのか。ビットの単位を変えてやれば全部、01に落とせる。にもかかわらず、その都度の例えば0・6の選択とか0・35の選択というのも実際にあるはずなんです。

池上　まさにそうです。0・35みたいなものをどうやって見るか。閾値でバサッと切るのではなく、なんとか入れようとしているところです。多分、本当に離散的じゃない選択肢をどうやって抱え込むかということが、躊躇とか、意識が支えていることでしょう。

だからといって、アンドロイドが意識を持っていると思わせるような流れを作れるかどうかは別な問題になるかもしれませんが。

河本　アンドロイド・オペラの話に戻ると、オーケストラの演奏者が音を聞いて、音に合わせているはずがないんです。音になる以前のところを感じ取って反応しないと、遅れてしまうから。センサーの中に、ある要素、つまり音が立ち上がるときの変化率みたいなところに反応して動いている部分がなければいけない。

（＊10）
暴走するトロッコに5人の作業員が乗っており、そのままでは全員が轢死する。分岐器を作動させることでトロッコを別の軌道に向けることができる。しかしその先には、一人の作業員がいる。この場合、どのような選択をすればよいか。特定の人を助ける代わりに別の人を犠牲にしてもよいかという、倫理的にコンフリクトする状況での思考実験。

池上　音に合わせているわけではない、まさにそこが一番のキーになっているんです。ミクロな時間スケールの予想みたいなものが走っている。さらに、アンドロイドとオーケストラのメンバーは、全体としてつながっている一つのシステムみたいなものだから、なにかが伝わっていて、あるいは共有されている。それがすごく重要だと思います。人間の受け応えでも、一番重要なのは、聞いてそれに対して答えるというよりも、もっと先行的に動くというところです。その先行理解とか先行的な運動は、人とアンドロイドの、特に指揮者を作り上げるようなときには大事になってきます。

河本　音としてつかまえていないのに既に動いている部分は、実は０１になっていない。０・７とか、この辺で既に開始されている。それに加えて、躊躇で遅らせる部分、つまり０１から外れる部分が重要になってくる。

池上　そこの点がまさにトロッコ問題に対する反対でもあるし、「躊躇」とか「反実仮想性」を取り上げる理由でもある。まさに0と1の間の、選択肢になっていないけれども選択肢になりつつあるような、潜在空間の影がその行為決定に対して重要になる。特にアンドロイドを指揮者にする試みにもそれが大事なんです。すでに決められたものではなく、新しく生成する行為。予め書かれた選択肢から選ぶのではない。ちょっとずつ動くとか、身体性があるとかが重要なことで、それは名前がまだついていないプロト行為(sense making)です。

河本　０１では収まらないというところにどうやって進んでいくのか。そういう部分は、ＡＩの中でも違うやり方で進んでいくことになると思います。これは大きなメッセージです。

池上　今、考えられる戦略としては、先ほどの反実仮想です。多様なセンサーを付けて、そのセンサーはみんな０１ではなく、それこそ湿度、温度、匂い、明るさ、どのくらい近くに障害物があるかとか、そういったものを統合し、固まりとして引き受けているうちに、なにか中間的なものが媒介変数となって、行為決定に効くような形のシステム設計をするというところでしょうか。

河本　０１ではない世界、インテンシティ、強度性。ドゥルーズがずっと追求していたことですね。池上さんとのお話のなかで、興味深い課題がたくさんあることがわかりました。テクニカルな課題だけではなく、奥の深い問題も多く含まれていました。ここからさらに進んでいくときの展開の見通しもうかがうことができました。ありがとうございました。

◆**池上高志**（いけがみ・たかし）

１９６１年生まれ。東京大学理学部物理学科卒業、同大学院理学系研究科博士課程修了後、米国ロスアラモス国立研究所に留学。神戸大学大学院自然科学研究科助手、東京大学大学院総合文化研究家助教授、オランダ・ユトレヒト大学理論生物学招聘研究員、東京大学大学院総合文化研究科教授を経て、２０１０年より東京大学大学院総合文化研究科教授。理学博士。複雑系と人工生命をテーマに研究を続けるかたわら、アートとサイエンスの領域をつなぐ活動も精力的に行う。

『動きが生命をつくる——生命と意識への構成論的アプローチ』（青土社）、『人間と機械のあいだ——心はどこにあるのか』（講談社）、『複雑系の進化的シナリオ——生命の発展様式』（朝倉書店）、『作って動かすALife——実装を通した人工生命モデル理論入門』（オライリージャパン）など、著書・共著多数。

おわりに

人間の最大の特徴は何か。そう問われたらただちに、理性的な「知能」だと回答をして、それですべて収まっていた時代があった。遠い時代のことではなく、おそらくごく最近までこの回答が、常識の基本ラインだったのである。だがＡＩ（人工知能）の高度化とともに、知能は人間だけに固有のものではなくなっただけではなく、そもそも知能とは何であるかを再度問わなければならなくなったように思われる。

ＡＩがやがて人間を超えていくという、装いを変えて繰り出される未来予想に、しばし驚いたり、恐怖に近いものを感じたり、不透明な違和感をもったりすることは、むしろ自然なことなのかもしれない。ＡＩは、人間の知能とは異なるモードで作動している。この異質さへの感触が、驚きや恐怖や違和感のなかには含まれている。人間とは異なるモードの知能が身近に大量に出現しているのであれば、再度人間の知能の特質を、ゼロベースで再考してもよい局面にあると思われる。

そのことは人間自身の知能を新たな選択肢へと開いていくことにもつながり、人間のリセットのためのまたとないチャンスとしても活用できる。さらにそれは人間自身の発達の条件を変更し、新たな学習の仕組みを構想することにもつながると思われる。能力の形成のためには、基本的な事項を理解し、記憶し、さらに時に応じて応用するという学習の仕組みとは異なる手順で進んでいくような多くの選択肢がありそうである。これはＡＩに対しての賛否とは異なる課題に、私たちはすでに直面していることを意味する。

ＡＩの高度化によって、気が付いたときには多くの現実性が変化している。生活も生産も、新たな高度な道具を手にして、別様な現実を創り出している。利用できるものは利用したほうが良いが、それだけではなく、こうした動向のなかに、多数の新たな課題が見えてきているはずである。人間の身体や感情の特質が何であるのか、さらには時間や歴史という経験がどのようなものなのか、あるいは道具の制作や言語的理解が何であるのか、そしてそもそも「生命」とは何なのか。この情報化された現実のなかで、こうした問いをあらためて問うてみることが必要な局面でもある。

本書はこうした問いを受け、人間にとっての新たな選択肢とはどのようなものか、あるいは人間の知能はどの程度の潜在的な可能性をもつのか（あるいはどの程度可能性から見放されているのか）等々の課題設定を各領域で行いながら、考察したものである。多くの執筆者の協力を得て、ようやく出来上がったというのが実情である。

本書の章立てを含めて、全体的なデザインや個々の制作の手続きは、学芸みらい社の小島直人社長に労をとっていただいた。多くのアイディアを出していただき、久しぶりに編集者と本を作ったという感慨めいたものがある作業だった。衷心より感謝したい。

２０１９年２月

編者を代表して　河本英夫

iHuman
AI時代《じだい》の有機体《ゆうきたい》－人間《にんげん》－機械《きかい》

GAKUGEI MIRAISHA

2019年3月30日　初版発行

編著者　河本英夫・稲垣諭
発行者　小島直人
発行所　株式会社 学芸みらい社
〒162-0833 東京都新宿区箪笥町31 箪笥町SKビル3F
電話番号：03-5227-1266
http://www.gakugeimirai.jp/
E-mail：info@gakugeimirai.jp
印刷所・製本所　藤原印刷株式会社
装　幀　芦澤泰偉
帯装画　石井七歩
本文デザイン　吉久隆志・古川美佐（エディプレッション）

落丁・乱丁本は弊社宛お送りください。送料弊社負担でお取り替えいたします。

ISBN978-4-909783-07-3 C0010